新农村农业技术培训系列丛书

村镇财务管理与统计

何伟威 编著

科学普及出版社

·北 京·

图书在版编目(CIP)数据

村镇财务管理与统计/何伟威编著.—北京:科学普及出版社,
2012.2
(新农村农业技术培训系列丛书)
ISBN 978-7-110-07681-1

Ⅰ.①村… Ⅱ.①何… Ⅲ.①乡镇-农业经济-财务管理-中国
②农业统计-中国 Ⅳ.①F322

中国版本图书馆 CIP 数据核字(2012)第 027857 号

◇◇◇

责任编辑	鲍黎钧 康晓路
封面设计	鲍 萌
责任校对	赵丽英
责任印制	张建农

出版发行 科学普及出版社
地   址 北京市海淀区中关村南大街 16 号
邮   编 100081
发行电话 010-62173865
传   真 010-62179148
投稿电话 010-62176522
网   址 http://www.cspbooks.com.cn

◇◇◇

开   本 850mm×1168mm 1/32
字   数 160 千字
印   张 8
印   数 1—4000 册
版   次 2012 年 2 月第 1 版
印   次 2012 年 2 月第 1 次印刷
印   刷 河北省涿州市京南印刷厂

◇◇◇

书   号 ISBN 978-7-110-07681-1/F·241
定   价 20.00 元

前　言

　　随着农村经济改革的不断深化和社会主义市场经济体制的逐步建立，村镇财务管理与统计的重要性受到人们的关注。

　　本着"服务农村，方便农民"的宗旨，我们编写了《村镇财务管理与统计》。本书内容丰富、通俗易懂、实用性强，可以作为广大农村干部和财务管理工作者、会计人员及监督审计人员的工作指导书和辅导、培训用书，也可以作为指导农村经济工作的参考用书。

　　本书分为十三章：概述、农业企业筹资管理、投资管理、财务预测与预算、财务报表分析、村集体财务管理、农民专业合作社财务管理、农村统计概述、村镇经济条件统计、农业生产统计、村镇产值统计、村镇经济效益统计和村镇住户统计调查。本书文字简练，阐述清楚，深入浅出，通俗易懂。

　　由于编写仓促，书中难免有错误和疏漏，敬请广大读者提出批评意见。

目　录

第一章 概 述

第一节 村镇财务管理的含义

所谓财务管理是指企业为实现良好的经济效益，在组织财务活动、处理财务关系过程中所进行的科学预测、决策、计划、控制、协调、分析和考核等一系列企业经营活动过程中管理工作的全称，是对企业生产和再生产过程中的价值运动进行的管理，是一项综合性很强的管理工作。企业财务管理主要以资金运动过程为基本对象，一般包括资金筹集、资金投放（运用）、资金耗费、资金回收（补偿）、资金分配等五个方面。此外，企业的所有者、经营者、债权人以及政府等各利益相关者之间利益关系的协调，也成为企业财务管理的一个主要内容。

与企业财务管理有所区别，村镇财务管理是指对直接归农民集体经济组织所有、支配、管理的各种资产所发生的一切收入及其使用、分配等财务活动的计划、监督与控制。准确理解村镇财务管理的概念，首先应明确什么是农村集体经济组织。农村集体经济组织是指在以家庭承包经营为基础、实行统分结合的双层经营体制条件下，以土地等主要生产资料归全体村民共同所有为前提，以农业生产为主要内容，以村组行政区域和自然区域为单位而设置的劳动群众集体所有制经济组织。因而，村镇财务管理，主要针对村级财政，村民小组经济组织，镇、村、组三级所有的集体企业以及农业合作经济组织等进行财务管理活动。

村镇财务管理的对象，主要是农村集体经济组织的资产，即村民入股和长期劳动积累所形成的共有资产，归集体经济组织全体成员所有。具体包括：经营性资产，如集体企业；非经营性资产，**如财政拨款**、转移支付、社会捐赠、一事一议筹资等；**资源性资产**，如土地、水面、山林等。从村镇财务管理所包含的对象可见，除了企业财务管理的基本内容，村镇财务管理还包括对非经营性资产以及资源性资产的管理活动。鉴于此，村镇财务管理的核心就是要维护集体经济组织及其成员合法权益，确保做到"村民所有、村民管理、村民受益"，关键是要实行财务公开和民主管理。

第二节　村镇财务管理的内容

村镇集体企业财务管理的内容同其他一般企业相同，包括筹资管理、投资管理、营运资金管理以及利润分配管理等基本组成部分，同时还包括村集体经营的相关财务管理活动。在进行财务管理活动的整个过程中，货币时间价值的观念始终贯穿其中，使得各项财务管理活动更能反映真实情况。

（一）筹资管理

在进行了充分的财务预测与财务预算的前提下，根据预测的资金需求量进行筹资管理为财务管理活动的首要前提。实际上，筹资管理活动贯穿于集体企业及村集体经营发展过程的始终。农村集体企业的筹资途径有自筹资金、向银行申请小额贷款等方式，特别是农业专业合作社，还可以申请项目资金。但是，筹资管理必须注意资本结构的合理安排，以保证企业的财务既有稳定性又有灵活性；另一方面，筹资管理还必须注重成本的控制，以达到成本与收益之间的均衡。

（二）投资管理

投资是企业将从有关渠道取得的资金投入其内部或外部以谋取收益的行为。农业企业的经营范围既有长期投资的林业建设，又有短期投资的农产品加工，不同的项目会给企业带来不同的收益，同时也伴随着不同的风险，因而，投资管理就是选择最恰当的投资方案，在成本与效益、风险与收益最优组合的条件下使用资金。

（三）营运资金管理

营运资金管理的最根本任务是短期资金来源的筹措和短期资金周转效率的提高，突出地体现在对流动资金的管理。由于农产品生产的季节性，农业企业经营大多也带有明显的季节性，原材料的收购和产品的销售都会集中于一段时间，这就要求企业具有较高的营运资金管理的能力，收购原材料时有足够的资金支持；销售产品时，资金有合理的投资项目，以尽量避免资金的闲置。

（四）利润分配管理

利润分配管理，主要研究农村集体企业或村集体如何将所获得的收益，在留存与分红之间进行分配。在进行利润分配决策时，要注意长期利益与短期利益的一致和集体利益与个人利益的协调，在保证各方利益的同时，使经济组织的财务状况得以改善、财务能力得以提高。

除了针对农村集体企业之外，村镇财务管理的内容还包括村集体的财务控制、村集体财务公开和民主理财以及农村专业合作社的财务管理。

第三节　村镇财务管理的职能

村镇财务管理的对象和基本内容决定了其基本职能就是对农村集体经济组织的资产进行组织和管理，由于社会经济关系日益复杂，农村集体企业及其他类型的集体经济组织的财务管理职能逐渐得以扩展，主要包括以下几个方面。

（一）预测职能

财务管理的预测职能，主要是指根据过去和现在的财务管理状况，发现财务活动的客观规律，采取科学的预测方法对资金需求情况以及利润获得情况等进行预测，并进行相应的预算编制。

（二）决策职能

财务决策的成败直接决定着财务管理效果的优劣，根据财务预测的结果，采用科学的决策方法，在诸多备选方案中选取一个最优财务活动方案，以期给企业创造价值。在财务决策职能实施过程中，要注意决策成本与决策收益之间的衡量。

（三）调控职能

对企业资金供求的调节能力和对资金使用、资金耗费的控制能力即为调控职能。当财务预测和预算与现实情况发生偏差时，要适时地对产生的偏差进行控制。

（四）反馈职能

反馈职能与调控职能密切相关，因为进行调控首先要了解偏差，而这种偏差在很大程度上依赖于信息的反馈，根据反馈的信息对企业财务活动进行再管理是财务管理的一项重要职能。

（五）监督职能

监督职能可以保证农村集体企业以及村集体财务活动全过程的合法性和合理性，便于农民对其进行监督，为其维护自身利益提供了有利工具。村镇财务管理的各项职能之间不是相互割裂的，而是一个密切联系的有机统一的整体，相互之间密切配合，统一协调，使得财务管理活动有序、有效地进行。

第四节　企业财务管理的目标及原则

一、企业财务管理目标的含义和种类

企业财务管理目标是企业财务管理活动所希望实现的结果。企业财务管理目标，有以下几种具有代表性的模式。

（一）利润最大化目标

利润最大化目标，就是假定在投资预期收益确定的情况下，财务管理行为将朝着有利于企业利润最大化的方向发展。

利润最大化目标在实践中存在以下难以解决的问题：

（1）利润是指企业一定时期实现的税后净利润，它没有考虑资金的时间价值。

（2）它没有反映创造的利润与投入的资本之间的关系。

（3）它没有考虑风险因素，高额利润的获得往往要承担过大的风险。

（4）片面追求利润最大化，可能会导致企业短期行为，与企业发展的战略目标相背离。

（二）股东财富最大化

股东财富最大化目标是指企业的财务管理以股东财富最大化为目标。

在上市公司中，股东财富是由其所拥有的股票数量和

股票市场价格两方面来决定。在股票数量一定时，股票价格达到最高，股东财富也就达到最大。

与利润最大化相比，股东财富最大化的主要优点是：

（1）考虑了风险因素，因为通常股价会对风险作出较敏感的反应。

（2）在一定程度上能避免企业追求短期行为，因为不仅目前的利润会影响股票价格，预期未来的利润同样会对股价产生重要影响。

（3）对上市公司而言，股东财富最大化目标比较容易量化，便于考核和奖惩。

以股东财富最大化作为财务管理目标存在的问题为：

（1）通常只适用于上市公司，非上市公司难于应用，因为无法像上市公司一样随时准确获得公司股价。

（2）股价受众多因素影响，特别是企业外部的因素，有些还可能是非正常因素。股价不能完全准确反映企业财务管理状况，如有的上市公司处于破产的边缘，但由于可能存在某些机会，其股票价格可能还在走高。

（3）它强调更多的是股东利益，而对其他相关者的利益重视不够。

（三）企业价值最大化目标

企业价值就是企业的市场价值，是企业所能创造的预计未来现金流量的现值。

企业价值最大化的财务管理目标，反映了企业潜在的或预期的获利能力和成长能力，其优点主要表现在：

（1）该目标考虑了资金的时间价值和投资的风险。

（2）该目标反映了对企业资产保值增值的要求。

（3）该目标有利于克服管理上的片面性和短期行为。

（4）该目标有利于社会资源合理配置。其主要缺点则是企业价值的确定比较困难，特别是对于非上市公司。

（四）相关者利益最大化

相关者利益最大化目标的基本思想就是在保证企业长期稳定发展的基础上，强调在企业价值增值中满足以股东为首的各利益群体的利益。

以相关者利益最大化作为财务管理目标，具有以下优点：

（1）有利于企业长期稳定发展。

（2）体现了合作共赢的价值理念，有利于实现企业经济效益和社会效益的统一。

（3）这一目标本身是一个多元化、多层次的目标体系，较好地兼顾了各利益主体的利益。

（4）体现了前瞻性和可操作性的统一。

二、财务管理目标的作用及基本特征

（一）财务管理目标的作用

财务管理目标主要有如下作用。

1. 导向作用

财务管理是一项组织企业财务活动，协调企业同各方面财务关系的管理活动。

2. 激励作用

目标是激励企业全体成员的力量源泉，每个职工只有明确了企业的目标才能调动起工作的积极性，发挥其潜在能力，尽力而为，为企业创造最大财富。

3. 凝聚作用

企业是一个组织，是一个协作系统，只有增强全体成员的凝聚力，企业才能发挥作用。

4. 考核作用

目标是企业绩效和各级部门工作业绩的考核标准。

（二）财务管理目标应具备的基本特征

企业财务管理的目标取决于企业生存和发展的目标，两者必须是一致的。企业财务管理目标应具备以下四个特征。

（1）财务管理目标具有层次性。

（2）财务管理目标具有多元性。

（3）财务管理目标具有相对稳定性。

（4）财务管理目标具有可操作性。

三、企业财务管理的原则

财务管理是有关创造财富的决策科学，它有其自身的理论和规律性。企业财务管理原则是实现企业财务管理目标的行为规范，是连接企业财务管理理论与企业财务管理实践的桥梁。遵循科学、有效的财务管理原则，有利于财务管理目标的实现。企业财务管理主要有以下九个原则。

（一）风险与收益对称，额外风险需要额外收益补偿

一些人以储蓄进行投资并得到回报，另有一些人愿意放弃未来的消费机会而在现在消费。假设面对不同的投资机会，我们应把钱投到哪儿呢？

首先，投资者由于延迟消费，会要求比预期的通货膨胀率更高的收益率，否则他们会提前购买目前不需要的产品或投资于那些能保值增值的资产。如储蓄将导致购买力下降，那么推迟消费是不明智的，这是因为风险与收益不对称。

其次，不同投资项目的风险与收益是各不相同的。由于高风险项目的预期收益比较高，所以有些人就会投资风险高的项目，以得到比预期收益率更高的投资回报。

第三，这里所讲的收益只能是预期收益而不可能是实际收益。额外的风险应当由额外的收益来补偿，这就是公司债券利率高于政府债券利率的原因所在。

（二）货币的时间价值

财务管理最基本的观念是货币具有时间价值，但并不是所有的货币都具有时间价值，货币只有被当做资本投入生产流通才能变得更有价值。在经济学中货币时间价值是用机会成本表示的。运用货币时间价值观念要把项目未来的成本和收益都以现值表示，如果收益现值大于成本现值则项目应予接受，反之则应拒绝。为把未来收益和成本折现，必须确定货币机会成本的大小或利率高低。具体的利

率是权衡风险后决定的。因此，风险投资的收益应当高于无风险投资的收益。如购买股票的风险肯定大于将货币存入银行的风险，因而，股票投资收益率必定高于存款收益率。

（三）衡量价值的是现金流量

现金流量是公司收到并可用于再投资的现金。而按照权责发生制核算的会计利润是公司赚得的收益而不是手头可用的现金。公司的现金流和会计利润的发生往往是不同时的。现金流反映了收支的真实发生时间，因而比会计利润更能衡量公司价值。

（四）只有增量现金流才是相关的

并非所有的现金流都是增量。这里所讲的增量现金流是指新项目上马后的现金流与原项目现金流之间的差额，反映了该决策的真实影响。当然，增量观念不能局限在现金流上，而应当从增量这个角度考察决策产生的一系列影响，如收入、成本、税金等。

（五）利润特高的项目在竞争市场上是不能长久存在的

财务管理的目标是要创造财富。因此，投资评估和决策时的重点是预测现金流量，确定投资项目的收益，并评估资产和新的投资项目的价值。

在竞争市场上极高的利润不可能长期存在。在这种情况下，发现收益高于平均收益率的项目十分关键。竞争虽然增加了发现的难度，但可以采取以下措施减少市场竞争：一是使产品具有独特性。产品的独特性使其与其他产品相区别，可使产品价格抬高从而增加利润。无论产品的独特性源于广告、专利、服务还是质量，只要产品和同类产品的区别越大，竞争的优势就越大，实现高利润的可能性也越大；二是降低产品成本。规模经济和成本低廉可有效地阻止新厂家的进入从而减少竞争，也能使利润达到较高。

（六）市场是灵活的、价格是合理的——有效的资本市场

财务管理的目标是使股东财富最大化，这只能在有效的市场中实现。市场是否有效与信息反映到证券价格中的速度有关。一个有效的市场是由大量受利润驱动的独立行为的投资者组成的。与证券有关的信息往往随机出现在市场上。投资者即时对信息作出反应，购买或出售证券。在有效市场的假定前提下，信息反馈到价格中去的速度之快使得投资者无法从公开信息获利。只有当投资者确信了证券价格已经恰当地反映了公司预期的利润和风险，进而反映了公司真实的价值，此时，投资者的投资行为才是理性的，资本市场才是有效的。

（七）经理、债权人与所有者利益不一致——代理问题

只要公司的所有权与经营权分离，就必然出现代理问题，在现实生活中，经理的所作所为并非一定能使股东财富价值最大化。例如，经理的收入往往与公司的规模、销售额、市场份额、员工数等有关，所以有些经理偏好于扩大投资规模，尽管这样做可能对股东财富的增加并没有贡献，在这样的环境中，经理更多考虑的是个人晋升、收入的增加、地位的提高等。

那么为什么股东不将这些经理解雇呢？理论上讲，股东选举董事会，董事会任命管理人员。但在现实生活中，往往是管理人员提出董事会的人选并分发选票。实际上股东所面对的候选人名单是由管理人员提供的。最终结果是管理人员选了董事，而这些董事更多地代表管理人员的利益而非股东利益。于是就出现了代理的问题。股东往往花费很多时间来监督管理人员的行为，并试图使他们的利益和自己的利益相一致。对管理人员的监督可以通过对财务报表和管理人员工资的审计来完成。另外，把管理人员的奖金和他们的决策在很大程度上符合股东利益结合起来，也可以在一定程度上解决代理问题。

（八）纳税影响业务决策

公司在评价新项目时必须考虑纳税因素，投资收益的衡量应当建立在税后的基础上。不同的税种对公司的财务结构会产生不同的影响，如债务融资所支出的利息在所得税前列支，可以使公司减免一定的所得税，是一项减税费用。而股票的盈利是在所得税后列支，不能抵减所得税。这也是债务融资优于股票融资的原因所在。

（九）风险是有不同类别的

财务管理的重点之一是风险与收益的权衡，风险与收益应当是对称的，但风险又有不同类别，有些风险是可以分散消除的，有些则不能。所谓分散或消除就是将好的事件与不好的事件相互抵消，从而在不影响公司预期收益率的情况下降低整体的不确定性。

第二章 农业企业筹资管理

第一节　概述

农业生产经营的主体是多元的。家庭农场、公司农场、合作社、股份合作社、农业股份有限公司、农业上市公司都将长期存在。为了生存和发展，不同的主体都有融资需求。农业企业筹资是指农业企业作为筹资主体，根据其各种生产经营、对外投资和调整资本结构等需要，经济有效地筹措和集中资本的活动，是农业企业理财的起点。

一、农业企业筹资的动机

农业企业筹资的基本目的，是为了维持生产经营的需要。农业企业具体的筹资活动通常受特定动机的驱使。农业企业筹资的具体动机是多种多样的，但概括起来主要有以下三类：

（一）扩张筹资动机

扩张筹资动机是农业企业，因扩大生产经营规模或追加对外投资的需要而产生的筹资动机。一般来讲，具有良好发展前景、处于成长期的农业企业通常会产生这种动机。

扩张投资动机所产生的直接结果，是农业企业资产总额和筹资总额的增加。

（二）偿债筹资动机

偿债筹资动机是农业企业为了偿还某种债务而形成的借款动机，即借新债还旧债。偿债筹资有两种情况：一种是调整性偿债筹资，即农业企业虽有足够的财力支付到期债务，但是为了调整原有的资本结构，通过举债，从而使资本结构更加合理。第二种是恶化性偿债筹资，农业企业现有的支付能力不足以偿付到期债务，而被迫举债还债，这说明农业企业的财务状况已有恶化。这种偿债筹资的结果并没有扩大农业企业的资产总额和筹资总额，只是改变了农业企业的资本结构。

（三）混合筹资动机

农业企业因同时需要长期资金和调整资本结构而形成的筹资动机，即为混合筹资动机。通过混合筹资，农业企业既扩大了资产规模，又偿还了部分旧债。

二、农业企业筹资的要求

农业企业筹资的基本要求，是要研究影响筹资、投资的多种因素，讲求筹资的综合经济效益。具体要求如下。

（一）合理确定资金的需要量，努力提高筹资效果

农业企业的资金需要量往往是不断变化的，农业企业财务人员要认真分析科研、生产、经营状况，采用适当的

方法，预测资金的需要量，合理确定筹资规模，使资金的筹集量和需要量达到平衡，防止筹资不足而影响生产经营或者筹资过量而降低筹资效果。

（二）认真研究投资方向，大力提高投资效果

资金的投向，既决定资金需要量的多少，又决定投资效果的大小。筹资是为了投资，只有确定了有利的投资方向，安排了明确的资金用途，对投资收益和资金成本作出合理地权衡，才能决定是否要筹资和筹资多少。因此，只有认真研究资金的投向，才能避免筹资的盲目性。

（三）认真选择筹资来源，力求降低资金成本

资金的来源渠道和资金市场为农业企业提供了资金的源泉和筹资场所，它反映资金的分布状况和供求关系，决定着筹资的难易程度。不同来源的资金，对农业企业的收益和成本有不同的影响，因此，农业企业要认真研究资金来源的渠道和方式，合理选择资金来源，求得最优的筹资组合，从而降低综合的资金成本。

（四）适时取得资金来源，保证资金投放需要

筹措资金要按照资金的投放时间来合理安排，使筹资与用资在时间上相衔接，这样，既能避免过早筹集资金形成资金投放前的闲置，又能防止取得资金的时间滞后，错过资金投放的最佳时间。

（五）合理安排资本结构，保持必要的偿债能力

农业企业的资本结构一般是由自有资本和借入资本构

成的。负债的多少要与自有资本和偿债能力的要求相适应，既要防止负债过多，导致财务风险过大，偿债能力过低，又要有效地利用负债经营，提高农业企业自有资金的收益水平。

三、农业企业筹资的渠道和方式

农业企业的筹资活动需要通过一定的渠道并采用一定的方式来完成。

（一）农业企业筹资渠道

筹资渠道是指筹措资金来源的方向与通道，体现着资金的源泉和流量。目前，我国农业企业的筹资渠道主要有以下七种。

1. 国家财政资金

国家财政资金是国家对农业企业的直接投资，是国有农业企业最主要的资金来源渠道。现有国有农业企业的资金来源中，其资本大多是由国家财政以直接拨款方式形成的。

2. 银行信贷资金

银行信贷资金是银行对农业企业的各种贷款，是我国目前各类农业企业最为重要的资金来源。

3. 其他金融机构资金

其他金融机构是指除了银行以外的各种金融中介机构，主要有信托投资公司、保险公司、租赁公司、证券公司、财务公司等。它们通过一定的方式为农业企业直接提供部分资金或为农业企业筹资提供服务。

4. 其他农业企业资金

其他农业企业资金主要是指其他法人单位以其可以支配的资产对农业企业投入的资金。主要包括农业企业之间的相互投资和商业信用。

5. 民间闲置资金

农业企业职工和居民个人的结余货币，作为"游离"于银行及非银行金融机构之外的个人资金，形成民间闲置资金。

6. 农业企业自留资金

它是农业企业内部形成的资金，主要包括计提折旧、提取公积金和未分配利润等。

7. 外商资金

外商资金为外国投资者以及我国港、澳、台地区投资者投入的资金，是外资企业的重要资金来源。

（二）农业企业筹资方式

筹资方式是指农业企业筹措资金所采用的具体形式。目前，我国农业企业筹资方式主要有以下几种。

1. 吸收直接投资

农业企业按照"共同投资、共担风险、共享利润"的原则，直接吸收国家、法人、个人投入资金的一种筹资方式。

2. 发行股票

股份公司通过发行股票筹措权益性资本的一种筹资方式。

3. 利用留存收益

根据投资人意见和农业企业具体情况，把留存的应分配给投资者的未分配利润和提取的盈余公积金转化为资本的过程。

4. 向银行借款

农业企业根据借款合同，从银行和非银行金融机构借入需要还本付息的款项的一种筹资方式。

5. 利用商业信用

商品交易中的延期付款或延期交货所形成的借贷关系，它是农业企业筹集短期资金的重要方式。

6. 公司债券

农业企业通过发行债券筹措债务性资本的一种筹资方式。

7. 融资租赁

融资租赁亦称为资本租赁或财务租赁，它是农业企业筹集长期债务性资本的一种方式。不管农业企业采取何种筹资方式，均应从筹资数量、筹资成本、筹资风险和筹资时效这四个方面来考虑。

第二节　权益资金的筹集和管理

权益资金的筹资方式主要有吸收直接投资、发行普通股票、发行优先股票和利用留存收益。

一、吸收直接投资

吸收直接投资（以下简称吸收投资），是指农业企业按照"共同投资、共同经营、共担风险、共享利润"的原则直接吸收国家、法人、个人投资者投入资金的一种筹资方式。

（一）吸收投资的种类

农业企业采用吸收投资方式筹集的资金一般可分为以下三类：

1. 吸收国家投资

目前农业企业可申请的国拨资金项目很多，比如中小企业发展基金、创业基金、科技发展基金、扶持农业基金、技术改造基金等。金额由数十万元到上千万元不等，既有国家无偿资助、不需归还的，也有贷款财政贴息的；拨款部门既有国家相关部委，也有各级政府。积极申请国拨资金不但可以有效缓解企业资金压力，提高盈利能力，还可以提高企业知名度。

2. 吸收法人投资

法人投资是指法人单位以其依法可以支配的资产投入

农业企业，从而形成法人资本。吸收法人投资一般具有如下特点：①发生在法人单位之间；②以参与企业的利润分配为目的；③出资方式灵活多样。

3. 吸收个人投资

吸收个人投资是指吸收城乡居民或本企业内部职工以个人合法财产投入农业企业，从而形成的资本称为个人资本。

个人投资一般具有以下特点：①参与投资的人数较多；②每人投资的数额相对较少；③以参与企业利润分配为目的。

（二）吸收投资中的出资方式

农业企业在采用吸收投资这一方式筹集资金时，投资者可以用现金、厂房、机器设备、材料物资、无形资产等作价出资。具体而言，出资方式主要有：

1. 现金投资

现金投资是吸收投资中一种最重要的投资方式。吸收投资中所需投入现金的数额，取决于除投入的实物、工业产权之外尚需多少资金来满足投资开支和日常周转需要。

2. 实物投资

以厂房、建筑物、设备等固定资产和原材料、商品等流动资产所进行的投资，均属实物投资。

3. 无形资产投资

无形资产投资是指以专有技术、商标权、专利权等工业产权以及土地使用权所进行的投资。

农业企业在吸收工业产权投资时应特别谨慎，必须认真进行可行性研究。因为以工业产权投资实际上是把有关技术资本化了，把技术的价值固定化了。随着技术进步的加快，旧技术不断老化，其价值不断减少甚至会完全丧失，由此会给农业企业带来损失。

（三）吸收投资的程序

农业企业吸收其他单位的投资，一般要遵循如下程序：

1. 确定筹资数量

吸收投资一般是企业筹集资本金时所使用的一种筹资方式。农业企业在经营过程中，如果自有资金不足，也可采用吸收投资的方式筹集资金，但在吸收投资之前，都必须确定所需资金的数量，以利于正确筹集所需资金。

2. 寻找投资单位

农业企业在吸收投资之前，需要做一些必要的宣传，以便使出资单位了解企业的经营状况和财务情况，有目的地进行投资。这将有利于农业企业在较多的投资者中寻找最合适的合作伙伴。

3. 协商投资事项

寻找到投资单位后，双方便可进行具体的协商，以便合理确定投资的数量和出资方式。在协商过程中，农业企业应尽量说服投资者以现金方式出资。如果投资者的确拥有较先进的适用于企业的固定资产、无形资产等，也可用实物、工业产权和土地使用权进行投资。

4. 签署投资协议

双方经协商达成共识后，就可以进一步签署投资协议，以明确双方的权利和责任。这里关键问题是以实物、工业产权、土地使用权等投资的作价问题。因为投资的报酬、风险的承担都是以由此确定的出资额为依据。一般而言，双方应按公平合理的原则协商定价。如果争议比较大，可聘请专业资产评估机构来评定。

5. 共享投资利润

出资各方有权对农业企业进行经营管理。但如果投资者的投资占农业企业资金总额的比例较低，一般并不参与经营管理，投资者最关心的还是其投资报酬问题。因此，农业企业在吸收投资之后，应按合同中的有关条款，用实现利润对投资者支付报酬。投资报酬是企业利润的一个分配去向，也是投资者利益的体现，农业企业要妥善处理，以便与投资者保持良好关系。

（四）吸收投资的优缺点

1. 吸收投资的优点

（1）有利于增强农业企业信誉。吸收投资所筹集的资金属于自有资金，能增强农业企业的信誉和负债能力，对扩大农业企业经营规模、提高农业企业实力具有重要作用。

（2）有利于农业企业尽快形成生产能力。吸收投资可以直接获取投资者的先进设备和先进技术，有利于尽快形成生产能力，尽快开拓市场。

（3）有利于降低农业企业财务负担。吸收投资可以根据农业企业的经营状况向投资者支付报酬，农业企业经营状况好，要向投资者多支付一些报酬，农业企业经营状况不好，就可以不向投资者支付报酬或少支付报酬，比较灵活，所以财务负担较小。

（4）有利于提高农业企业举债经营的能力，发挥财务杠杆作用。吸收投资增加了农业企业的自有资金，因此农业企业可以提高负债水平，有效利用财务杠杆。

2. 吸收投资的缺点

（1）资本成本较高。一般而言，采用吸收直接投资方式筹集资金所需负担的资本成本较高，特别是农业企业经营状况较好、盈利水平较高时，更是如此。因为向投资者支付的报酬是根据其出资的数额和农业企业实现利润的多寡来计算的。

（2）容易分散农业企业控制权。采用吸收投资方式筹集资金，投资者一般都要求获得与投资数额相适应的经营管理权，这是接受外来投资的代价之一。如果外部投资者的投资额较大，则投资者会有相当大的管理权，甚至会完全控制农业企业。

二、发行股票

股票是股份有限公司为筹集自有资金而发行的有价证券，是投资者投资入股获得股利的凭证，它代表投资者对股份公司的所有权。

（一）股票的分类

按股东享受权利和承担义务的大小为标准，可把股票分为普通股票和优先股票。

1. 普通股票

此股票简称普通股，为股份公司依法发行的代表股东享有平等权利和义务，不加特别限制、股利不固定的股票。普通股是最基本的股票，是股份公司资本的最基本部分。

2. 优先股票

此股票简称优先股，为股份公司依法发行的优先于普通股股东获取股利和公司剩余财产的股票。从法律上来讲，企业对优先股不承担法定的还本义务，是企业自有资金的一部分。

（二）股票的发行

1. 股票发行的目的

明确股票发行的目的，是股份公司决定发行方式、发行程序、发行条件的前提。股份公司发行股票，总的来说是为了筹集资金，但具体来说，有不同原因，主要有：

（1）设立新的股份公司。股份公司成立时，通常以发行股票的方式来筹集资金并进行经营。

（2）扩大经营规模。已设立的股份公司为不断扩大生产经营规模，也需通过发行股票来筹集所需资金。通常，人们称此类发行为增资发行。如果拟发行的股票在核定资本的额度内，只需经董事会批准；如果超过了核定资本额度，则需召开股东大会重新核定资本额。在核定的资本额度内增资发行，董事会通过之后，还要呈报政府有关机构，办理各种规定的手续。

（3）其他目的。其他目的的股票发行通常与筹资没有直接联系，如发放股票股利。

2. 股票发行的条件

虽然股份公司和股票市场是商品经济条件下极为普遍的现象，而且也是商品经济发达程度的重要标志，但股票的发行必须遵循一定的法律和规定。按国际惯例，股份公司发行股票必须具备一定的发行条件，取得发行资格，并在办理必要手续后才能发行。现对我国股票发行的条件作适当说明。

新设立的股份有限公司申请公开发行股票，应当符合下列条件：

（1）生产经营符合国家产业政策。

（2）发行普通股限于一种，同股同权。

（3）发起人认购的股本数额不少于公司拟发行股本总额的35%。

（4）在公司拟发行的股本总额中，发起人认购的部分不少于人民币3 000万元，但国家另有规定的除外。

（5）向社会公众发行的部分不少于公司拟发行的股本总额的25%，其中公司职工认购的股本数不得超过拟向社会公众发行股本总额的10%。公司拟发行股本总额超过人民币 4 亿元的，证监会按照规定可以酌情降低向社会公众发行的部分的比例，但是最低不少于公司拟发行股本总额的 10%。

（6）发起人在近三年内没有重大违法行为。

（7）证监会规定的其他条件。

（三）普通股

1. 普通股股东的权利

普通股股票的持有人称普通股股东，普通股股东一般具有如下权利。

（1）公司管理权。普通股股东具有对公司的管理权。对大公司来说，普通股股东成千上万，不可能每个人都直接对公司进行管理。普通股的权利主要体现在董事会选举中有选举权和被选举权。通过选出的董事会代表所有股东对企业进行控制和管理。具体来说，普通股股东的管理权主要表现为：

1）投票权。普通股股东有权投票选举公司董事会成员并有权对修改公司章程、改变公司资本结构、批准出售公司重要资产、吸收或兼并其他公司等重大问题进行投票表决。

2）查账权。从原则上来讲，普通股股东具有查账权。但由于保密的原因，这种权利常常受到限制。因此，并不是每个股东都可自由查账，但股东可以委托会计师事务所代表他去查账。

3）阻止越权的权利。当公司的管理当局越权进行管理时，股东有权阻止。

（2）分享盈余权。分享盈余权也是普通股股东的一项基本权利。盈余的分配方案由股东大会决定，每一个会计年度由董事会根据企业的盈利数额和财务状况来决定发放股利的多少并经股东大会批准通过。

（3）出售或转让股份权。股东有权出售或转让股票，这也是普通股股东的一项基本权利。股东出售股票的原因可能有：

1）对公司的选择。

2）对报酬的考虑。

3）对资金的需求。

（4）优先认股权。当公司增发新股时，原有股东有权按持股比例，优先认购新股。

（5）剩余财产要求权。当公司解散、清算时，普通股股东对剩余财产有要求权。但是，公司破产清算时，财产的变价收入，首先要用来清偿债务，然后支付优先股股东，最后才能分配给普通股股东。所以，在破产清算时，普通股股东实际上很少能分得剩余财产。

2. 普通股筹资的优缺点

（1）普通股筹资的优点。发行普通股是公司筹集权益资本的一种基本方式，其优点主要有以下几方面：

1）普通股没有固定的财务负担。公司有盈余，并且认为适合分配股利，就可以分配股利；公司盈余少，或虽有盈余但资金短缺或有更有利的投资机会，就可以少分配或不分配股利。

2）普通股没有到期日，不用偿还本金。利用普通股筹集的资金是永久性资金，除非公司破产清算才需偿还。

3）普通股筹资财务风险小。由于普通股没有到期日，没有固定的财务负担，因而不存在不能偿付的风险，所以财务风险最小。

4）发行普通股能增加公司的信誉。普通股和留存收益构成企业举债的基础。如果企业拥有较多的自有资金，就可为债权人提供较大的损失保障，因而，普通股筹资既可以提高企业的信用价值，同时也为筹措更多的债务资金提供了强有力的支持。

5）普通股筹资限制较少。利用优先股或债券筹资，通常有许多限制条件，这些限制条件往往会影响企业经营的灵活性，而利用普通股筹资则没有这种限制。

（2）普通股筹资的缺点。普通股筹资的缺点主要表现在以下几方面：

1）资金成本较高。一般来说，普通股筹资的成本要大于债务资金。这主要是股利要从净利润中支付，而债务资金的利息可在税前扣除，另外，普通股的发行费用也比较高。

2）容易分散控制权。利用普通股筹资，出售了新的股票，增加了新股东，容易导致公司控制权的分散。此外，新股东有分享公司以前的积累盈余的权利，会降低普通股的每股净收益，从而可能引起股价的下跌。

（四）优先股

优先股是一种特别股票，属于混合性筹资方式，它兼具债务和权益筹资的双重特征。但从法律的角度讲，优先股属于权益资金。优先股的"优先"是相对普通股而言的，这种优先权主要表现为，优先股股东必须在普通股股东之前取得收益，分享资产。投资人在购买普通股票时也往往把优先股看做债券。但是，从债券的持有人来看，优先股则属于股票，因为它对债券起保护作用，可以减少债券投资的风险，属于主权资金。从公司管理当局和财务人员的观点来看，优先股则具有双重性质，这是因为，优先股虽没有固定的到期日，不用偿还本金，但往往需要支付固定的股利，成为财务上的一项负担。所以，当公司利用优先股筹集资金时，一定要考虑它这两方面的特性。

1. 优先股的种类

（1）累积优先股和非累积优先股

1）累积优先股。是指公司过去年度未支付的股利可累积计算，由以后年度的利润补足付清。一般而言，一个公司只有把所欠的优先股股利全部支付以后，才能支付普通股股利。

2）非累积优先股。是仅按当年利润分取股利，不予累积补付的优先股。

（2）可转换优先股与不可转换优先股

1）可转换优先股。是股东可在一定时期内按一定比例把优先股股票转换为普通股股票。转换的比例是事先确定的，其数值的大小取决于优先股和普通股的市场价格。

2）不可转换优先股。是指不能转换为普通股的优先股股票。不可转换优先股只能获得固定的股利，而不能获得转换收益。

（3）参加优先股和不参加优先股

1）参加优先股。是指优先股股东不仅能取得固定股利，还有权与普通股股东一同参加利润分配的股票。根据参与利润分配的方式不同，又可分为全部参加分配的优先股和部分参加分配的优先股。前者表现为优先股股东有权与普通股股东共同等额分享本期剩余利润。后者则表现为优先股股东有权按规定额度与普通股股东共同参与利润分配，超过规定额度部分，归普通股所有。

2）不参加优先股。是指不能参加剩余利润分配，只能取得固定股利的优先股。其特点是优先股股东对股份公司的税后利润，只有权分得固定股利，对取得固定股利后的剩余利润，无权参加分配。

（4）可赎回优先股与不可赎回优先股

1）可赎回优先股。又称可收回优先股，是指股份公司可以按一定价格收回的优先股票。在发行这种股票时，一般都附有赎回条款，在赎回条款中规定了赎回该股票的价格。此价格一般略高于股票的面值。至于是否收回，在什么时候收回，则由发行股票的公司来决定。

2）不可赎回优先股。是指不能收回的优先股股票。因为优先股都有固定股利，所以，不可赎回优先股一经发行，便会成为一项永久性的财务负担。因此，在实际工作中，大多数优先股均是可赎回优先股，而不可赎回优先股则很少发行。

从以上介绍可以看出，累积优先股、可转换优先股、参加优先股均对股东有利，而可赎回优先股则对股份公司有利。

2. 优先股股东的权利

（1）优先分配股利权。这是优先股股票的最主要特征。其股利通常按面值的百分比来计算。

（2）优先分配剩余财产权。

（3）管理权。优先股股东的管理权有严格的限制。通常，在公司的股东大会上，优先股股东没有表决权。但是，当公司研究与优先股有关的问题时，优先股股东有权参加表决。例如，如果讨论把一般优先股改为可转换优先股时，或推迟优先股股利的支付时，优先股股东有权参加股东大会并有表决权。

3. 优先股筹资的优缺点

（1）优先股筹资的优点

1）没有固定到期日，不用偿还本金。利用优先股筹资事实上等于使用的是一笔无限期的贷款，既无偿还本金义务，也无需再做筹资计划。但大多数优先股又附有赎回条款，这就使得使用这种资金更有弹性。当财务状况较弱时发行，而财务状况转强时赎回，有利于结合资金需求，同时也能控制公司的资本结构。

2）股利支付既固定，又有一定弹性。一般而言，优先股都采用固定股利，但固定股利的支付并不构成公司的法定义务。如果财务状况不佳，则可暂时不支付优先股股利，因而，优先股股东也不能像债权人那样可能迫使公司破产。

3）有利于增强公司信誉。从法律上讲，优先股属于权益资本，因而，优先股扩大了公司的权益基础，可适当增加公司的信誉，提高企业的举债能力。

4）保持普通股股东对公司的控制权。

（2）优先股筹资的缺点

1）筹资成本高。优先股的股利是用税后净利支付的，不像债券的利息可在税前扣除。因此，优先股的资本成本较高。

2）筹资的限制条件较多。发行优先股通常有许多限制条款，例如，对普通股股利支付的限制，对公司举债的限制等。

3）财务负担重。优先股需要支付固定的股利，且在税后净利中支付，所以，当公司利润下降时，优先股股利会成为一项较重的财务负担，有时不得不延期支付，影响公司信誉。

三、留存收益

留存收益是指农业企业通过其生产经营活动而创造的收益积累，尚未分配给投资者的部分。股份有限公司创造的净收益，一部分以股利的方式分派给股东，作为股东进行投资的回报；一部分则留下来，用于扩大其生产经营规模，以便在今后为股东创造出更多的利润，因此，留存收益也是农业企业资金的重要来源。

（一）留存收益的内容

1. 盈余公积

盈余公积是指农业企业按照规定从税后净利润中提取的各种积累资金。盈余公积根据其用途不同，分为一般盈余公积和公益金两类。

（1）一般盈余公积

1）法定盈余公积。是指农业企业按规定从净利润中提取的积累资金。这是由国家法规强制规定企业必须提取的盈余公积，目的是确保企业不断积累资本，固本培源，自我壮大实力。

我国公司法规定，公司制企业的法定盈余公积按照税后利润的10%提取（非公司制企业也可按照超过10%的比例提取），法定盈余公积累计额已达到注册资本的50%时可以不再提取。

2）任意盈余公积。是公司出于实际需要或采取审慎经营策略，从税后利润中提取的一部分留存收益。是由企业自行决定提取的。如果公司有优先股，必须在支付了优先股股利之后，才可提取任意盈余公积。

提取任意盈余公积是压低当年股利的一种手段，是企业管理当局对发放股利施加的限制。

我国公司法规定，任意盈余公积的用途与法定盈余公积的用途相同。如果盈余公积（含法定和任意）转增资本时，转增后留存的盈余公积数额不得少于注册资本的25%。

企业提取的盈余公积主要可以用于以下方面：弥补亏损、转增资本、分配股利。

（2）法定公益金。是指农业企业按规定从净利润中提取的积累资金。

我国公司法规定公司制企业按照税后利润的5%～10%的比例提取法定公益金。公益金专门用于企业职工福利设施的支出，如购建职工宿舍、托儿所、理发室等方面的支出。

2. 未分配利润

未分配利润是指农业企业留待以后年度进行分配的结存利润，也是农业企业股东权益的组成部分。相对于股东权益的其他部分来说，农业企业对于未分配利润的使用分配有较大的自主权。从数量上来说，未分配利润是期初的未分配利润，加上本期实现的税后利润，减去提取的各种盈余公积和分配利润后的余额。未分配利润有两层含义：一是留待以后年度处理的利润；二是未指定特定用途的利润。未分配利润在未分配以前形成企业的资金来源。

（二）留存收益融资的优缺点

1. 留存收益融资的优点

以留存收益作为长期资本来源的优点主要有：

（1）可以调整资本结构，又能够保持原有股东的控制权；

（2）节约筹资费用；

（3）用资时间的长短及改变用途是企业内部的事情，不受外界干涉。

2. 留存收益融资的缺点

（1）筹资范围和筹资额有限；

（2）留存收益的使用可能受政府部门的某些规定的制约；

（3）以留存收益作为长期资本的使用时间是有限的，不能像普通股筹资一样永久使用。

第三节 长期负债资金的筹集和管理

负债是农业企业的一项重要资金来源，负债资金的筹集，是农业企业满足资金需要的一种主要方式。一般来说，大多数农业企业都希望通过负债来筹集一定数量的资金。负债筹资，可按其长短，分为长期负债筹资和短期负责筹资。

长期负债是指偿还期在 1 年或超过 1 年的一个营业周期以上的债务。企业利用长期负债方式筹集资金能降低资本成本，获得杠杆利益。长期负债筹资方式主要有：长期借款、发行长期债券、融资租赁等。

一、长期借款

长期借款是指农业企业根据合同从有关银行或非银行金融机构借入的、偿还期在一年以上的需要还本付息的款项。

（一）长期借款的种类

长期借款的种类很多，按不同标准可进行不同的分类。

（1）按借款是否需要担保，可分为信用借款、担保借款。信用借款是指以借款人的信誉为依据而获得的借款，企业取得这种借款，无需以财产做抵押；担保借款是指以一定的财产做抵押或以保证人的担保为条件所取得的借款。

（2）按借款的用途可分为基本建设借款、更新改造借款、科研开发和新产品试制借款。

（3）按提供贷款的机构可分为政策性银行贷款、商业银行贷款和其他金融机构贷款。政策性银行贷款一般是指执行国家政策性贷款业务的银行向企业发放的贷款。如国家开发银行为满足企业承建国家重点建设项目的资金需要提供贷款；进出口信贷银行为大型设备的进出口提供买方或卖方信贷。商业银行贷款是指由各商业银行向工商企业提供的贷款。这类贷款主要为满足企业生产经营的资金需要。其他金融机构贷款是指由保险公司、租赁公司、信托投资公司、财务公司等金融机构提供的贷款。其他金融机构对企业的贷款一般较商业银行的期限更长，要求的利率较高，对借款企业的信用要求和担保的选择也比较严格。

（二）长期借款的程序

农业企业利用长期借款筹集资金，要求按照一定的程序进行。现以银行借款说明长期借款的程序。

（1）企业提出申请，言明借款原因、借款期限，借款数额、偿还能力以及还款方式等主要内容。

（2）银行审查借款申请。审查的内容包括：

1）对借款人的信用等级进行评估。

2）对贷款进行调查。贷款人受理借款人的申请后，应当对借款人的信用及借款的合法性、安全性和盈利性等情况进行调查。核实抵押物、保证人情况，测定贷款的风险。例如，在对基本建设贷款进行审查时，可能主要审查如下几个方面：①市场状况。主要审查投资项目建成后所生产的产品是否有销路。②资源状况。主要审查投资项目所需原材料、燃料、流动资金的供应是否充足。③技术状况。主要审查分析投资项目选择的地址以及工艺设备和设计方案是否得当，从而确定技术上的可行性。④财务状况。对投资项目的总投资和分年投资进行审查和测定，并预测投产后的成本、利润水平和贷款还本、付息等有关数据。⑤综合经济效益。这主要是通过对收入、成本、利润进行测定之后，以投资利润率指标来进行评价。也可利用投资回收期、投资报酬率、净现值、内部报酬率、现值指数等指标进行评价。

3）贷款审批。贷款银行一般都建立了审贷分离、分级审批的贷款管理制度。审查人员要对调查人员提供的资料进行核实、评定预测贷款风险，提出意见，按规定权限报批，决定是否提供贷款。

（3）签订借款合同。为了维护借贷双方的合法权益，保证资金的合理使用，企业向银行借入资金时，双方须签订借款合同。借款合同上要包括如下四方面内容：

1）基本条款。这是借款合同的基本内容，主要规定双方的权利和义务。具体包括借款数额、借款方式、款项发放的时间、还款期限、还款方式、利息支付方式、利息率的高低等。

2）保证条款。这是保证款项能顺利归还的一系列条款，包括借款按规定的用途使用、有关的物资保证、抵押财产、担保人及其责任等内容。

3）违约条款。这是对双方的违约行为规定的处理条款，主要载明对企业逾期不还或挪用贷款，以及银行不按期发放贷款等违约行为的处理办法等内容。

（4）企业取得借款。双方签订借款合同后，贷款银行要按合同规定按期发放贷款，企业便可取得相应的资金。

（5）借款的归还。企业应按借款合同规定偿还借款本金、支付利息和费用。

（三）银行借款的优缺点

1. 银行借款的优点

（1）筹资速度快。发行债券筹集资金所需时间一般较长。而银行借款与发行债券相比，一般所需时间较短，可以迅速地获取资金。

（2）筹资成本低。就目前我国情况来看，利用银行借款所支付的利息比发行债券所支付的利息低，另外，也无需支付大量的发行费用。

（3）借款弹性好。企业与银行可以直接接触，可通过直接商谈，来确定借款的时间、数量和利息。在借款期间，如果企业情况发生了变化，也可与银行进行协商，修改借款的数量和条件。借款到期后，如有正当理由，还可延期归还。

2. 银行借款的缺点

（1）财务风险较大。企业借款，必须定期还本付息，在经营不利的情况下，可能会产生不能偿付的风险，甚至会导致破产。

（2）限制条款较多。企业与银行签订的借款合同中，一般都有一些限制条款，如定期报送有关报表、不准改变借款用途等，这些条款可能会限制企业的经营活动。

（3）筹资数额有限。银行一般都不愿借出巨额的资金。因此，利用银行借款筹集资金都有一定的上限。

二、发行长期债券

债券是一种表明债权债务关系的债务性证券。发行单位应承担还本付息的义务，持券人具有按约定条件到期收取本利的权利。

（一）债券的种类

债券可以从各种不同的角度进行分类，现说明其主要的分类方式。

（1）按有无抵押担保，可将债券分为信用债券、抵押债券和担保债券

1）信用债券。又称无担保债券，是仅凭债券发行者的信用发行的、没有抵押品作抵押或担保人作担保的债券。政府债券一般均属于信用债券。一个信誉良好的企业也可发行信用债券。企业发行信用债券往往有许多限制条件，这些限制条件中最重要的称为反抵押条款，即禁止企业将其财产抵押给其他债权人。由于这种债券没有具体财产做抵押，因此，只有历史悠久，信誉良好的公司才能发行这种债券。

2）抵押债券。是指以约定抵押品作抵押而发行的债券，如不能按期还本付息或破产清算，债权人可将抵押品拍卖获得补偿。

3）担保债券。是指有保证人作担保发行的债券，当企业没有足够的资金偿还本息时，债权人可要求保证人偿还。

（2）根据债券的票面上是否记名，可以将债券分为记名债券和无记名债券

1）记名债券。是指在债券票面上注明债权人姓名或名称，同时在发行公司的债权人名册上进行登记的债券。记名债券转让时，除要交付债券外，还要在债券上背书和在公司债权人名册上更换债权人姓名或名称。投资者须凭印鉴领取本息。这种债券的优点是比较安全，缺点是转让时手续复杂。

2）无记名债券。是指债券票面上不注明债权人姓名或名称，也不用在债权人名册上登记债权人姓名或名称的债券。无记名债券在转让的同时随即生效，无需背书，因而比较方便。

（3）债券的其他分类，除按上述几种标准分类外，还有其他一些形式的债券。

1）可转换债券。是指在一定时期内，可以由持有人按规定的价格或一定比例，自由地选择转换为普通股的债券。

2）无息债券。是指票面上不标明利息，按面值折价出售，到期按面值归还本金的债券。债券的面值与买价的差异就是投资人的收益。

3）浮动利率债券。是指利息率随基本利率（一般是国库券利率或银行同业拆放利率）变动而变动的债券。发行浮动利率债券的主要目的是为了对付通货膨胀。

4）收益债券。是指当企业没有盈利时，可暂时不支付利息，当获利时支付累积利息的债券。

此外，债券还可按用途分为直接用途债券和一般用途债券；按偿还方式分为提前收回债券和不提前收回债券，分期偿还债券和一次性偿还债券等。

（二）债券的发行

债券的发行基本上与股票的发行相同。股份有限公司、国有独资公司、有限责任公司在具备发行条件的前提下，可以发行债券。企业发行债券必须根据财力和偿还能力制定发行方案，按照规定程序上报审批。其中包括发行数量、

面值、期限、利率、偿还方式、发行价格以及发行方式等
几方面的内容。

（1）债券的面值。是指债券持有人借以生息的本金和
债券到期偿还的金额。

（2）债券的期限。是指债券从发行日开始至到期日止
这一段时间。在债券期限内，企业必须定期支付利息，到
期必须偿还本金。

（3）债券的利率。债券上一般都注明年利率，利率有
固定利率，也有浮动利率。面值与利率相乘则为年利息。

（4）发行方式。债券的发行方式通常分为公募发行和
私募发行两种。

1）公募发行。公募发行即公开发行，是指由承销商承
购并向社会公众广泛发行的债券。公募发行中，发行人必
须经社会公认的信用评级机构给予严格评级，同时在发行
后，有义务按年度向社会公众公布其财务报告并披露有关
企业信息。

公募发行的优点主要表现为：一是因向众多投资者发
行债券，所以能筹集较多的资金；二是可以提高发行者在
证券市场上的知名度，扩大社会影响；三是与私募发行相
比，债券的利息率较低；四是公募发行的债券一般都可公
开上市交易，有比较好的流动性，很受投资人欢迎。

公募发行的缺点主要表现为：一是公募发行的发行费
用较高；二是公募发行所需时间较长。

2）私募发行。私募发行即未公开发行，是指以特定的

少数投资者为募集对象所进行的债券发行。这里所谓的"特定"投资者，一般可分为两类：一类是个人投资者，如企业职工；一类是机构投资者，如大的金融机构。

私募发行的优点主要有：一是节约发行费；二是发行时间短；三是发行的限制条件少。

私募发行的缺点主要有：一是需要向投资者提供高于公募发行债券的利率；二是私募发行的债券一般不能公开上市交易，缺乏流动性；三是债务集中于少数债务人手中，发行者的经营管理容易受到干预。

（5）发行价格。一般来说，债券的面值即债券的价格，但由于资金市场上的供求关系及利率的变化，有时债券的价格会与面值相背离，高于或低于面值。因此，债券的发行价格有三种：一是等价发行；二是折价发行；三是溢价发行。

债券之所以会存在溢价发行和折价发行，这是因为资金市场上的利息率是经常变化的，而企业债券上的利息率，一经印出，便不易再进行调整。从债券的开印到正式发行，往往需要经过一段时间，在这段时间内如果资金市场上的利率发生变化，就要靠调整发行价格的方法来使债券顺利发行。

债券发行价格的计算公式为：

$$债券发行价格 = \frac{票面金额}{(1+市场利率)^n} + \sum_{i=1}^{n} \frac{票面金额 \times 票面利率}{(1+市场利率)^i}$$

（6）债券的收回与偿还方式。债券的收回与偿还方式很多，一般有到期还本付息、分期付息，到期还本、分批偿还以及以新换旧等方式。

1）收回条款。如果企业发行债券的契约中规定有收回条款，那么，企业可按特定的价格在到期日之前收回债券。债券的收回价格一般比面值要高，并随到期日的接近而逐渐降低。具有收回条款的债券可使企业融资有较大的弹性。

2）偿债基金。是一种帮助企业有计划地偿还债券本息的一种准备金。一般来说，如果发行债券的契约中有偿债基金的规定，则要求企业每年提取偿债基金以便顺利偿还债券本息。

3）分批偿还。企业在发行同一种债券时就规定有不同的到期日，这种债券为分批偿还债券。由于各批债券的到期日不同，因而发行价格和规定的利率也不尽相同，这样，如果公开发行，发行费较高，但这种债券有利于投资者选择最合适的到期日，因而便于发行。

4）以新债券换旧债券。企业通过发行新的债券来调换一次或多次发行的旧债券。

5）转换成普通股。如果企业发行的是可转换债券，那么，可通过转换变成普通股来收回债券。

6）分期付息，到期还本。如果企业发行的是分期付息、到期还本债券，应按期确认债券利息。

7）到期一次以现金方式偿还。我国发行的债券目前多数采用此种方式。在债券到期日前三天，债券发行人应将兑付资金划入指定的账户，以便于债券的偿还。

（三）债券筹资的优缺点

1. 债券筹资的优点

（1）资金成本较低。利用债券筹资的成本要比股票筹资的成本低。这主要是因为：一方面，债券的发行费用较低，另一方面，债券利息在税前支付，有一部分利息由政府负担了。

（2）保持控制权。债券持有人无权干涉公司的经营管理，不会分散公司的控制权。

（3）发挥财务杠杆作用。不论公司获利多少，债券持有人只收取固定的利息，而更多的收益可用于分配给股东，增加其财富，或留归企业以扩大经营。

2. 债券筹资的缺点

（1）筹资风险高。债券有固定的到期日，并定期支付利息。利用债券筹资，要承担还本、付息的义务。在企业经营不景气时，向债券持有人还本、付息，会给企业带来更大的困难，甚至导致企业破产。

（2）限制条件多。发行债券的契约书中往往有一些限制条款。这种限制比优先股及短期债务严得多，可能会影响企业的正常发展和以后的筹资能力。

（3）筹资额有限。利用债券筹资有一定的限度，当公司的负债比率超过了一定程度后，债券筹资的成本将会升，有时甚至会发行不出去。

三、融资租赁

租赁是指出租人在承租人给予一定报酬的条件下，授予承租人在约定的期限内占有和使用财产权利的一种契约性行为。租赁的种类很多，目前我国主要有经营租赁和融资租赁。

经营租赁称营业租赁，它是典型的租赁形式，通常为短期租赁。其特点是：承租企业可随时向出租人提出租赁资产要求；租赁期短，不涉及长期而固定的义务；租赁合同比较灵活，在合理限制条件范围内，可以解除租赁契约；租赁期满，租赁资产一般归还给出租者；出租人提供专门服务，如设备的保养、维修、保险等。营业租赁的租金包括租赁资产的购买成本、租赁期间利息、租赁物件维护费、业务及管理费、税金、保险费及租赁物的陈旧风险补偿金等。

融资租赁也称财务租赁或金融租赁，通常为一种长期租赁，是指企业需要添置某些技术设备而又缺乏资金时，由出租人代其购进或租进所需设备，然后再将设备租给承租人在一定期限内有偿使用的一种租赁方式。融资租赁是一种以融通资金为目的，以技术设备、办公设备等动产为租赁对象，以经济法人为承租人的新型的金融租赁业务，是现代租赁的主要形式。

（一）融资租赁的特点

（1）租期较长。融资租赁的租期一般为租赁财产寿命的一半以上。

（2）租赁合同比较稳定。在融资租赁期内，承租人必须连续支付租金，非经双方同意，不得中途退租。这样既能保证承租人长期使用资产，又能保证出租人在基本租期内收回投资并获得一定利润。

（3）承租期内，资产的所有权归承租人，租赁期满后，可选择以下办法处理租赁财产：将设备作价转让给承租人；由出租人收回；延长租期、续租。

（4）在租赁期间内，出租人一般不提供维修和保养设备方面的服务。

（二）融资租赁的形式

融资租赁可细分为如下四种形式：

1. 直接租赁

直接租赁是指租赁公司根据承租人的要求，自行筹资并购进承租人所需设备，租给承租人使用。这是融资租赁业务中比较普遍的一种形式。

2. 回租租赁

回租租赁是当企业急需资金时，将自己拥有的设备按规定卖给租赁公司，再作为承租人向租赁公司租回原设备继续使用，并按期向租赁公司交付租金。回租租赁是一种紧急的融资方式，适合于资产流动性差的企业。采用这种租赁形式，承租人既保持了原有设备的使用权，又能使这些设备所占用的资金转化为企业急需的周转资金，使企业固定资产流动化，提高了资金的利用率。

3. 转租赁

转租赁是租进租出的做法。即出租人从制造商或另一家租赁公司租进设备，然后转租给用户。转租赁是租赁公司同时兼有出租人和承租人双重身份的一种租赁形式。这种租赁方式至少涉及三方面关系，两份租赁合同。实际上是一个项目两笔租赁，其租金一般比直接租赁高。中间租赁公司作为承租人向出租公司支付租金，又以出租人身份向用户收取租金。设备的所有者与使用者之间没有直接的经济或法律关系。

4. 杠杆租赁

杠杆租赁也称平衡租赁或代偿贷款租赁，它是融资租赁的一种特殊形式。这种形式是设备购置成本的小部分由出租人承担，大部分由银行等金融机构提供贷款补足。其具体做法是：一家租赁公司先出小部分资金，其余的通过把租赁物作抵押，以转让收取资金的权利作为附加担保，联合若干家金融机构共同提供一项租赁融资，形成较大的资金规模，以购买大型资金密集型设备。由于这种租赁的出租人自筹资金只占少量，而主要依靠抵押贷款的杠杆作用来获取高于一般租赁的投资报酬，因此，称为杠杆租赁。

（三）融资租赁筹资的优缺点

1. 融资租赁筹资的优点

（1）筹资速度快。租赁往往比借款购置设备更迅速、更灵活，因为租赁是筹资与设备购置同时进行，可以缩短设备的购进、安装时间，使企业尽快形成生产能力，有利于企业尽快占领市场，打开销路。

（2）限制条款少。如前所述，债券和长期借款都定有相当多的限制条款，虽然类似的限制在租赁公司中也有，但一般比较少。

（3）增加资金调度的灵活性。融资租赁使企业有可能按照租赁资产带来收益的时间周期来安排租金的支付。

（4）设备淘汰风险小。当今，科学技术在迅速发展，固定资产更新周期日趋缩短。企业设备陈旧过时的风险很大，利用租赁筹资可减少这一风险。

（5）到期还本负担轻。租金在整个租期内分摊，不用到期归还大量本金。许多借款都在到期日一次偿还本金，这会增加企业的财务负担。

（6）抵税作用。一般来说，租金支出要大于购买设备后每年发生的折旧额，因而融资租赁比购买能够更有效地利用抵税作用。

2. 融资租赁筹资的缺点

融资租赁筹资最主要的缺点是资本成本较高。此外，有时租金支付的期限和金额固定，不利于农业企业资金的调度。

第三章　投资管理

第一节　项目投资管理概述

投资是指消耗一定的资源，期望得到未来收益的行为。项目投资是对企业内部生产经营所需要的各种资产的投资，是指一种以特定项目为对象，直接与新建项目或更新改造项目有关的长期投资行为，其目的是为保证企业生产经营过程的连续和生产经营规模的扩大。在企业的整个投资中，项目投资具有十分重要的地位。它不仅数额大，投资面广，而且对企业的稳定与发展、未来获利能力、长期偿债能力都有重大影响。

（一）项目投资的特点

项目投资是对企业内部生产经营所需要的各种资产的投资。与短期投资和对企业外部长期投资相比较，项目投资具有以下几个特点。

1. 投资金额大

项目投资，特别是战略性的扩大生产能力投资，一般都需要较多的资金，其投资数额往往是企业或其投资者多年的资金积累，在企业总投资中占有相当大的比重。因此，项目投资对企业未来的现金流量和财务状况，都将产生深远的影响。

2. 影响时间长

作为长期投资的项目投资发挥作用的时间较长，几年、十几年甚至几十年才能收回投资。因此，项目投资对企业未来的生产经营活动和长期经济效益将产生重大影响，其投资决策的成败，将对企业未来的命运产生决定性作用。

3. 不经常发生

与企业的短期投资和长期性金融投资相比，企业内部项目投资的发生次数不太频繁，特别是大规模的具有战略投资意义的扩大生产能力投资，一般要几年甚至十几年才发生一次，这就要求企业财务管理人员对此，要进行慎之又慎的可行性研究。

4. 变现能力差

作为长期性的项目投资，不仅不准备在一年或超过一年的一个营业周期内变现，而且在一年或超过一年的一个营业周期内变现的能力也很差。因为，项目投资一旦完成，要想改变是相当困难的，不是无法实现，就是代价太大。

（二）项目投资的程序

项目投资的特点决定了项目投资的风险大、周期长、环节多、考虑因素复杂。因此，项目投资是一项复杂的系统工程。根据项目周期，项目投资的程序主要包括以下环节：投资项目的提出；投资项目的评价；投资项目的决策；

投资项目的执行；投资项目的再评价。

第二节　投资项目的现金流量分析

一、现金流量的概念

在投资决策中，现金流量是指一个项目引起的企业现金流出和现金流入的增加量。这里的"现金"是指广义的现金，它不仅包括各种货币资金，而且还包括项目需要投入企业拥有的非货币资源的变现价值（或重置成本）。

现金流量包括现金流出量、现金流入量和现金净流量。现金流出量是指一个项目引起的企业现金流出的增加额。现金流入量是指一个项目引起的企业现金流入的增加额。

现金净流量则是一定期间现金流入量和现金流出量的差额。即：

$$现金净流量 = 现金流入量 - 现金流出量$$

二、投资现金流量估计的原则

投资项目现金流量的估计必须遵循的原则有：

（一）现金流量原则

现金流量是指一定时期内，投资项目实际收到或付出的现金数。凡是由于该项投资而增加的现金收入额或现金支出节约额均称为现金流入；凡是由于该项投资引起的现金支出均称为现金流出；一定时期的现金流入减去现金流出的差额称为现金净流量。

任何一个投资项目的现金流量都包含如下三个要素：①投资过程的有效期，即指现金流量的时间域；②发生在各个时刻的现金流量，即指每一时刻的现金收入或支出额；③平衡不同时点现金流量的资本成本（利率、贴现率）。

（二）增量现金流量原则

所谓增量现金流量是指因接受或拒绝某个投资方案后所发生的企业总现金流量变动。只有那些因采纳某个项目而引起的现金支出增加额，才是该项目的现金流出；只有那些因采纳某个项目而引起的现金流入增加额，才是该项目的现金流入。

为了正确计算投资方案的增量现金流量，需要正确判断哪些支出会引起公司总现金流量的变动，哪些支出不会引起公司总现金流量的变动。为此，必须注意以下四个问题。

1. 附加效应

在估计投资现金流量时，要以投资对企业所有经营活动产生的整体效果为基础进行分析，而不是孤立地考察某一项目。例如，本公司决定开发一种新型计算器，预计该计算器上市后，将冲击原来的普通型计算器。因此，在投资分析时，不应将新型计算器的销售收入作为增量收入，而应扣除普通型计算器因此而减少的销售收入。

2. 区分相关成本与非相关成本

相关成本是指与特定决策有关的、在分析评价时必须加以考虑的成本。例如，差额成本、未来成本、重置成本、机会成本等都属于相关成本；与此相反，与特定决策无关的、在分析评价时不必加以考虑的成本是非相关成本。例如，沉没成本、过去成本、账面成本等往往是非相关成本。

3. 不要忽视机会成本

机会成本是指作出一项决策时所放弃的其他可供选择的最好用途，并不是企业生产经营活动中的实际支出或费用，而是失去的收益。这种收益不是实际发生的而是潜在的。机会成本总是针对具体方案来说的，离开被放弃的方案就无从计量确定。机会成本在决策中的意义，在于它有助于全面考虑可能采取的各种方案，以便使既定资源寻求到最为有利的使用途径。

4. 对净营运资金的影响

一方面，当公司开办一个新业务并使销售额扩大后，对于存货和应收账款等流动资产的需求也会增加，公司必须筹集新的资金，以满足这种额外需求；另一方面，作为公司扩充的结果，应付账款与一些应付费用等流动负债也会增加，从而降低公司流动资金的实际需要。所谓净营运资金的需要，指增加的流动资产与增加的流动负债之间的差额。当投资方案的寿命周期快要结束时，公司将项目有关的存货出售，应收账款变为现金，应付账款和应付费用也随之偿付，净营运资金恢复到原有水平。通常，在投资分析时假定，开始投资时筹措的净营运资金，在项目结束时收回。

5. 要考虑投资方案对公司其他部门的影响

当我们采纳一个新的项目后，该项目可对公司的其他部门造成有利或不利的影响。

（三）税后原则

如果企业向政府纳税，在评价投资项目时所使用的现金流量应当是税后现金流量，因为只有税后现金流量才与投资者的利益相关。

1. 税后收入和税后成本

凡是可以减免税负的项目，实际支付额并不是真实的成本，而应将因此而减少的所得税考虑进去。扣除了所得税影响以后的费用净额，称为税后成本。其计算公式为：

$$税后成本 = 实际支付 × （1 - 税率）$$

与税后成本相对应的概念是税后收入。由于所得税的作用，企业营业收入的金额有一部分会流出企业，企业实际得到的现金流入是税后收入。其计算公式为：

$$税后收入 = 收入金额 × （1 - 税率）$$

而税后现金流量则可按下面公式计算：

$$营业现金流量 = 税后收入 - 税后成本 + 税负减少$$

2. 折旧的抵税作用

由于折旧是在税前扣除的，因此折旧可以起到减少税负的作用。这种作用称之为"折旧抵税"或"税收挡板"。

第三节 项目投资决策的评价方法及应用

投资决策就是评价投资方案是否可行，并从诸多可行的投资方案中选择要执行的投资方案的过程。而判断某个决策方案是否可行的标准，为该方案所带来的收益是否不低于投资者所要求的收益。项目投资评价指标是指用于衡量和比较投资项目可行性，以便据此进行投资方案决策的定量标准与尺度，是由一系列综合反映投资效益、投入产出关系的量化指标构成。项目投资决策评价指标比较多，主要是按是否考虑货币时间价值分为两类：一是贴现指标，即考虑时间价值因素；二是非贴现指标，即没有考虑时间价值因素。

一、非贴现法

（一）静态投资回收期法（P_t）

1. 含义

静态投资回收期又称全部投资回收期，就是从项目投建之日起，用项目各年的未折现现金流量将全部投资收回所需的期限。静态投资回收期一般从建设开始年算起，也可以从投产年算起，但应予以注明。静态投资回收期一般是越短越好。其表达式为：

$$\sum_{t=1}^{P_t} (CI - CO)_t = 0$$

式中，CI 为现金流入量（Cash Inflows）；CO 为现金流出量（Cash Outflows）；$(CI—CO)_t$ 为第 t 年的净现金流量；P_t 为静态投资回收期。

静态投资回收期公式更为实用的表达式为：

$$P_t = T - 1 + \frac{第（T-1）年的累积净现金流量的绝对值}{第 T 年的净现金流量}$$

式中，T 为项目各年累积净现金流量首次为正值的年份。

2. 决策标准

运用静态投资回收期法进行互斥选择投资决策时，应优选投资回收期短的方案；若进行选择与否投资决策时，则必须设置基准投资回收期 T_c，当 $P_t \leq T_c$ 时，则项目可行；当 $P_t > T_c$ 时，则项目不可行。

3. 优缺点

优点是计算简便，易于理解；缺点是忽视了回收期以后的现金流量状况，可能导致决策者优先考虑急功近利的投资项目，没有考虑资金的时间价值。

[例3-1] 某乡镇企业有甲、乙两个农产品投资项目方案，有关资料如表3-1、表3-2所示。

表3-1　甲方案有关资料　　　　（单位：万元）

期间	年净利润	年折旧额	净现金流量	累计净现金流量
0	—	—	-10 000	-10 000
1	1 000	2 000	3 000	-7 000

期间	年净利润	年折旧额	净现金流量	累计净现金流量
2	1 500	2 000	3 500	-3 500
3	2 000	2 000	4 000	500
4	2 000	2 000	4 000	4 500
5	2 000	2 000	4 000	8 500

表3-2 乙方案有关资料 （单位：万元）

时间	年净利润	年折旧额	净现金流量	累计净现金流量
0			-10 000	-10 000
1	500	3 000	3 500	-6 500
2	1 500	3 000	4 500	-1 500
3	2 000	3 000	5 000	3 500
4	2 000	3 000	5 000	8 500
5	2 000	3 000	5 000	13 500

要求：计算甲、乙两方案的投资回收期，并对两个方案比较，选择最优方案。

解：甲方案静态

$$投资回收期 = （3-1）+ \frac{3\ 500}{4\ 000} = 2.88（年）$$

乙方案静态

$$投资回收期 = （3-1）+ \frac{1\ 500}{5\ 000} = 2.3（年）$$

在投资额相同的情况下，应选择静态投资回收期短的乙方案，其较甲方案投资回收快。

（二）投资利润率

1. 含义

投资利润率又称投资报酬率，是指生产经营期正常生产年份的净收益（年度利润总额或年利税总额、年平均利润）占投资总额的百分比，是通过计算项目投产后正常生产年份的投资收益率来判断项目投资优劣的一种决策方法。其计算公式为：

$$投资报酬率 = \frac{营业利润}{营业资产}$$

2. 决策标准

进行选择与否投资决策方案时，应设基准投资报酬率 R_c，当 $R \geq R_c$，则该投资方案可行；当 $R < R_c$，方案不可行。在多个投资方案的互斥性决策中，方案的投资利润率越高，说明该投资方案的投资效果越好，应该选择投资报酬率高的方案。

3. 优缺点

优点是计算简单、易于理解，同时又克服了投资回收期在投资期没有考虑全部现金净流量的缺点。缺点是没有考虑资金时间价值，也不能说明投资项目的可能风险。

［例 3-2］资料见［例 3-1］。

要求：分别计算两方案的投资报酬率，并对两方案进行比较，确定最佳投资方案。

解：甲方案投资报酬率 = $\dfrac{\text{年平均净现金流量}}{\text{投资总额}} \times 100$

$$= \dfrac{\sum \text{年平均净现金流量} \div \text{项目经营期}}{\text{投资总额}}$$

$$= \dfrac{(3\,000 + 3\,500 + 4\,000 \times 3)}{5} \div 10\,000 \times 100\% = 37\%$$

乙方案投资报酬率

$$= \dfrac{(3\,500 + 4\,500 + 5\,000 \times 3)}{5} \div 10\,000 \times 100\% = 46\%$$

投资报酬率越高，表明项目投产后收回原始投资的时间就越短，而乙方案投资报酬率为46%，远远大于甲方案的投资报酬率，结果表明乙方案回收速度快，风险较小。

二、动态评价方法

（一）净现值（NPV）

1. 含义

净现值是指在项目计算期内，按行业基准收益率或其他设定折现率，将投资项目各年净现金流量折算成现值后减去初始投资的余额。其表达式为：

$$NPV = \sum_{t=1}^{n} \dfrac{(CI - CO)_t}{(1 + i_c)^t}$$

式中，NPV 为净现值；i_c 为基准折现率。

2. 决策标准

当 $NPV \geq 0$ 时，则项目可行；当 $NPV < 0$ 时，则项目不可行。进行多互斥选择投资决策方案时，净现值越大的方

案相对越优。

3. 优缺点

优点是考虑了资金时间价值，完整考虑项目计算期内全部现金流量；考虑了投资风险，项目投资风险可以通过提高贴现率加以控制。其缺点是净现值是一个绝对数，不能从动态的角度直接反映投资项目的实际收益率，在进行互斥性投资决策时，若投资额不等，仅用净现值有时无法确定投资项目的优劣，计算比较复杂，且较难理解和掌握等。

[例3-3] 资料见 [例3-1]。

要求：分别计算两方案的净现值，并对两方案进行比较，确定最佳投资方案（$i=10\%$）。

解：甲方案的净现值 $=3\,000\times(P/F,10\%,1)+3\,500$
$\times(P/F,10\%,2)+4\,000\times(P/A,10\%,3)$
$\times(P/F,10\%,2)-10\,000$
$=3\,000\times0.9091+3\,500\times0.8264+4\,000\times2.4869$
$\times0.8264-10\,000=3\,840.40$（万元）

乙方案的净现值 $=3\,500\times(P/F,10\%,1)+4\,500$
$\times(P/F,10\%,2)+5\,000\times(P/A,10\%,3)$
$\times(P/F,10\%,2)-10\,000=7\,176.52$（万元）

可见，甲、乙两方案均可行，但从数额上来看，乙方案更优，实施乙方案能带来 7 176.52 万元的净收益。

（二）内部收益率（IRR）

1. 含义

投资项目在使用期内各期净现金流入量现值总和与投

资额现值总和（或初始投资）相等时的贴现率，即通过计算使投资项目净现值为零的贴现率来评价投资项目的一种决策方法。其表达式为：

$$NPV(IRR) = \sum_{t=0}^{n} (CI - CO)_t (1 + IRR)^{-t} = 0$$

式中，IRR 为内部收益率。

因式中是一个一元高次方程，不宜直接求解，一般采用试差法进行计算。一般步骤如下：

第一步，通过试算选择较低的 i_1 和较高的 i_2 作为贴现率，使得 i_1 对应的 $NPV_1 > 0$，使得 i_2 对应的 $NPV_2 < 0$；

第二步，分别计算与 i_1，i_2（$i_1 < i_2$）对应的净现值 NPV_1 和 NPV_2，$NPV_1 > 0$，$NPV_2 < 0$；

第三步，用插值法计算豫 R 的近似值，其公式如下：

$$IRR = i_t + \frac{NPV_1}{NPV_1 + |NPV_2|}(i_2 - i_1)$$

式中，为控制误差，i_2 与 i_1 之差一般不应超过 5%，最好不超过 2%。因此，可以在上述一至三步计算出来的 IRR 上下 2.5% 分别取 i_2 和 i_1，再用上述一至三步可以求得误差在合理范围内的 IRR。

2. 决策标准

运用内部收益率法进行选择与否投资决策方案时，应设基准贴现率 i_c，当 $IRR \geq i_c$，则该投资方案可行；当 $IRR < i_c$，方案不可行。在多个投资方案的互斥性决策中，应选内部收益率高的方案。

3. 优缺点

优点是充分考虑了资金时间价值,易于理解,易接受。缺点是计算过程比较复杂,通常需要多次测算。

[例 3 - 4] 资料见 [例 3 - 1]。

要求:分别计算两方案的内部报酬率,并对两方案进行比较,确定最佳投资方案。

解:甲方案内部报酬率的确定,采用试差法计算如下:

选择折现率为 28%,计算净现值 = - 1 369.92,< 0,应当适当降低折现率水平,如果选择折现率为 24%,其净现值 = 115.85 > 0,应适当提高折现率,又因折现率为 24%的净现值更接近于 0,因此应选择接近于 24%的折现率。

甲方案的内部

$$报酬率 = 24\% + \frac{115.85}{115.85 - (1369.92)}$$

$$\times (28\% - 24\%) - 24.31\%$$

同理,乙方案的内部

$$报酬率 = 28\% + \frac{738.64}{738.64 - (-771.15)}$$

$$\times (32\% - 28\%) = 29.96\%$$

结果表明,两方案的内部报酬率均大于 10%,因此均可行。乙方案的内部报酬率较高,为 29.96%,因此为最优方案。

第四章 财务预测与预算

第一节 财务预测

财务预测是根据财务活动的历史资料，考虑现实的要求和条件，对企业未来的财务活动和财务成果作出科学的预计和测算。它是财务管理的环节之一。其主要任务在于：测算各项生产经营方案的经济效益，为决策提供可靠的依据，预计财务收支的发展变化情况，以确定经营目标，测定各项定额和标准，为编制计划，分解计划指标服务。

一、财务预测的意义和目的

财务预测是指财务工作者根据企业过去一段时间财务活动的资料，结合企业现在面临和即将面临的各种变化因素，运用数理统计方法，以及结合主观判断，对企业未来财务活动的发展变动趋势及其财务成果作出科学的预计和判断。

财务预测的目的，是为了体现财务管理的事先性，即帮助财务人员认识和控制未来的不确定性，使对未来的无知降到最低限度，使财务计划的预期目标同可能变化的周围环境和经济条件保持一致，并对财务计划的实施效果做到心中有数。

二、财务预测的程序

财务预测一般按以下程序进行。

（一）确定预测对象和目标

财务预测首先要明确预测对象和目标，然后才能根据预测的目标、内容和要求确定预测的范围和时间。

（二）确定预测计划

预测计划包括预测工作的组织领导、人事安排、工作进度、经费预算等。

（三）收集整理资料

资料收集是预测的基础。公司应根据预测的对象和目的，明确收集资料的内容、方式和途径，然后进行收集。对收集到的资料要检查其可靠性、完整性和典型性，分析其可用程度及偶然事件的影响，做到去伪存真、去粗取精，并根据需要对资料进行归类和汇总。

三、财务预测的方法

财务预测有定性预测和定量预测两类方法。

1）定性预测是通过判断事物所具有的各种因素、属性进行预测的方法，它是建立在经验判断、逻辑思维和逻辑推理基础之上的，主要特点是利用直观的材料，依靠个人的经验的综合分析，对事物未来状况进行预测。经常采用的定性预测方法有专家会议法、菲尔调查、访问、现场观察、座谈等方法。

2）定量预测是通过分析事物各项因素、属性的数量关系进行预测的方法。它的主要特点是根据历史数据找出其内在规律、运用连贯性原则和类推性原则，通过数学运算对事物未来状况进行数量预测。定量预测的方法很多，应用比较广泛的有时间序列预测法（包括算术平均法、加权平均法、移动平均法、指数平滑法、最小二乘法等）、相关因素预测法（包括一元线性回归法、多元线性回归法等）、要概率分析预测法（主要指马尔柯夫预测法），等等。

上述两类方法并不是相互孤立的，在进行财务预测时，经常要综合运用。

四、销售百分比法

销售百分比法是指根据资金各个项目与销售规模之间的依存关系，并假定这些关系在未来时期将保持不变，然后，根据计划期销售规模的增长情况来预测资金需要相应追加多少资金的一种方法。

运用销售百分比法预测资金的步骤如下：

（1）分析销售收入与资产负债表各项目之间的关系。

（2）确定销售收入与资产、负债的百分比。

$$某项流动资产与销售收入的比例 = \frac{某项流动资产额}{当年销售收入总额}$$

$$某项流动负债与销售收入的比例 = \frac{某项流动负债额}{当年销售收入总额}$$

（3）计算内部融资数额。

（4）计算外部筹资额。

第二节　财务预算

财务预算是企业全面预算的重要组成部分，它和其他预算是联系在一起的，构成一个完整的全面预算体系。

一、全面预算体系

任何一个企业，不论其规模大小，它的人力、物力和财力总是有限的。为减少资源消耗，取得尽可能大的经济效益，提高企业的管理和应变能力，就必须事先搞好预算编制工作。

（一）全面预算的内容

全面预算是以货币及其他数量形式反映的，有关企业未来一段期间内全部经营活动各项目标的行动计划与相应措施的数量说明。它是由一系列预算构成的体系，具体包括业务预算、特种决策预算和财务预算三大类。

（二）全面预算的作用

全面预算具有以下四方面的作用：

（1）明确今后的奋斗目标。

（2）协调各部门的工作。

（3）控制日常经营活动。

（4）评价各部门实际工作业绩。

（三）全面预算编制的程序

预算编制工作一般应按照"上下结合、分级编制、逐级汇总"的程序进行。具体程序如下：

（1）最高领导机构或预算委员会根据企业长期规划、提出企业一定时期的总目标，并下达给各部门具体工作指标。

（2）最基层成本控制人员按具体工作目标自行草编本部门的预算，这样使预算较为可靠、较为符合实际。

（3）各部门汇总部门预算，并初步协调本部门预算，编出销售、生产、财务等预算。

（4）预算委员会审查、平衡各预算，汇总出公司的总预算。

（5）审议机构通过或者驳回修改预算。

（6）主要预算指标报告给董事会或上级主管单位，讨论通过或者驳回修改。

（7）批准后的预算下达给各有关部门、单位执行。

（四）财务预算编制的方法

企业财务预算可根据不同的预算情况，分别采用固定预算、弹性预算、零基预算、定期预算和滚动预算等方法。

1. 固定预算

该预算是指在编制预算时，只根据预算期内正常的、可实现的某一固定业务量（如生产量、销售量）水平作为唯一基础来编制预算的一种方法。

2. 弹性预算

弹性预算是指在成本习性分类的基础上，根据本量利之间的依存关系，考虑到计划期业务量可能发生的变动，编制出一套适应多种业务量的费用预算，以便分别反映在各该业务量情况下所应支出的费用水平。

3. 增量预算

增量预算是指在基期成本费用水平的基础上，结合预算期业务量变动及有关降低成本的措施，通过调整有关原始成本项目而编制的预算。

4. 零基预算

零基预算是区别于传统的增量预算而设计的一种预算，它不是以现有费用水平为前提，而是一切从零做起，从实际需要与可能出发，逐项审议各种费用开支的必要性与合理性，进行综合平衡，从而确定预算费用。

5. 定期预算

企业的业务预算和财务预算通常是定期编制的，其优点是与会计年度相符，这便于预算执行结果的考核与评价。

6. 滚动预算

其基本特点是预算期连续不断变动，但始终保持一定期限。若限期为一年，凡预算执行完一个月后，即根据前一个月的经营成果，并结合执行中的新情况，对剩余 11 个月加以修订，并自动后续一个月，重新编制新一年的预算，这样逐期向后滚动，连续不断地以预算形式规划未来的经营活动。

二、现金预算的编制

现金预算亦称现金收支预算，它是以业务预算和特种决策预算为基础而编制的反映现金收支情况的预算。

（一）销售预算

销售预算是在销售预测的基础上，根据年度目标利润所确定的销售量和销售额来编制的，它主要包括销售量、销售单价和销售收入三部分组成。

（二）生产预算

生产预算是安排预算期内生产规模的计划，确定预算期内产品生产的实际数量及其分布情况，为进一步编制成本和费用预算提供依据。

（三）直接材料采购预算

直接材料采购预算以生产预算为基础，按产品所消耗的材料类别分别编制。与生产预算一样，编制时要考虑期初期末存货水平，并注意材料采购量与耗用量的适当比例关系。

（四）直接人工预算

直接人工预算是以生产预算为基础，反映预算期内人工工时的消耗水平和人工成本的业务预算。它是根据生产预算中的预计生产量以及单位产品所需的直接人工工时和每小时工资率进行编制的。

（五）制造费用预算

制造费用是指生产成本中除直接材料、直接人工以外的其他一切生产费用。由于制造费用按成本习性可分为变动制造费用和固定制造费用，所以制造费用预算通常分为变动制造费用预算和固定制造费用预算两部分。

（六）产品生产成本预算

产品生产成本预算是反映预算期内各种产品生产成本水平的一种业务预算。它是在生产预算、直接材料采购预算、直接人工预算和制造费用预算的基础上而编制的。

（七）经营及管理费用预算

经营及管理费用预算是以价值形式反映整个预算期内为销售产品和维持一般行政管理工作而发生的各项费用支出计划的预算。

（八）现金预算

现金预算是由现金收入、现金支出、现金多余或不足、资金的筹集与运用四部分组成。

三、预计财务报表的编制

预计财务报表是财务管理的重要工具，它是企业控制资金、成本和利润总量的重要手段，包括预计利润表或损益表和预计资产负债表等。

（一）预计利润表

预计利润表是用来综合反映企业在预算期内经营活动成果情况，是在各项经营预算的基础上，根据权责发生制的原则进行编制的。

（二）预计资产负债表

预计资产负债表是反映企业预算期末财务状况的总括性预算。编制预计资产负债表应以期初的资产负债表为基础，根据预算期内各项预算的有关资料作必要调整而编制的。

第五章　财务报表分析

第一节　概述

一、概念

财务报表，是指对外提供的反映企业某一特定日期财务状况和某一会计期间经营成果、现金流量等会计信息的文件。财务报表是会计核算过程中最后提出的结果，也是会计核算工作的阶段性总结。财务报表主要包括下列组成部分：①资产负债表；②利润表；③现金流量表；④所有者权益（或股东权益，下同）变动表；⑤附注。

企业编制财务报表的目的，是向财务报表使用者提供与企业财务状况、经营成果和现金流量等有关的会计信息，反映企业管理层受托责任的履行情况，有助于财务报表使用者作出经济决策。财务报表使用者通常包括投资者、债权人、政府及其有关部门和社会公众等。

二、财务报表的分类

财务报表可以根据需要，按照不同的标准进行分类。

（一）中期财务报表和年度财务报表

按照财务报表的编报时间，可以分为中期财务报表（月度、季度、半年度）和年度财务报表。其中月报要求简明扼要、及时反映；年报要求揭示完整、反映全面；季报和半年度报表介于月报和年报之间。

（二）个别财务报表和合并财务报表

按照财务报表各项目所反映的数字内容，可以分为个别财务报表和合并财务报表。个别财务报表各项目数字所反映的内容，仅仅包括企业本身的财务数字；合并财务报表是由母公司编制的，一般包括所有控股子公司财务报表的有关数字，可以向财务报表使用者提供公司集团总体的财务状况和经营成果。

（三）内部财务报表和外部财务报表

按照财务报表的服务对象，可以分为内部财务报表和外部财务报表。内部财务报表是指为适应企业内部经营管理需要而编制的不对外公开的报表，它没有统一的格式和指标体系。

外部财务报表是指企业向外提供的供政府部门、其他企业和个人使用的报表，它有统一的格式和指标体系。

三、财务报表的编制要求

（一）便于理解

便于理解是指财务报表提供的会计信息应清晰易懂，

为使用者所理解。企业对外提供的财务报表是为国家政府宏观调控部门、投资者、债权人以及潜在的投资者和债权人提供管理和决策所需的经济信息。因此，要求编制的财务报表应清晰易懂，便于使用者理解。当然，财务报表的这一要求，应建立在财务报表使用者有一定的阅读财务报表能力的基础上。

（二）真实可靠

真实可靠是指财务报表所提供的会计信息应如实反映企业的经营活动和财务状况。企业对外提供的财务报表主要是满足不同使用者对信息资料的要求，便于使用者根据所提供的会计信息作出决策、判断。因此，财务报表所提供的数据必须做到真实可靠和内容完整，否则，不仅不能发挥财务报表应有的作用，还会导致报表的使用者对企业财务状况作出相反的结论，使其决策失误，造成不必要的损失。

（三）相关可比

相关可比是指财务报表提供的会计信息必须与使用者的决策需要相关联，并具有可比性。企业对外提供的财务报表要能够使使用者了解企业过去、现在或未来事项的影响及其变化趋势，因此，财务报表提供的会计信息必须相关可比。

（四）全面完整

全面完整是指财务报表应当全面反映企业的财务状况

和经营成果，反映企业经营活动的全貌。财务报表只有全面反映企业的财务状况，提供完整的会计信息资料，才能满足各方面对会计信息资料的需要。因此，要求企业编制财务报表时，必须按国家规定的要求编报，对企业某些重要的会计事项，也应当在财务报表附注中进行说明。

（五）编报及时

编报及时是指企业的财务报表应及时编制和报送。财务报表只有编报及时，才有利于财务报表的使用者使用，否则，即使是最真实可靠完整的会计报表，由于编制、报送不及时，对于报表的使用者来说也是没有任何价值的。随着我国社会主义市场经济体制的确立，对财务报表的及时性提出了更高的要求，要求企业及时编制财务报表，并及时报送传递给有关方面。

第二节　财务报表分析方法

进行财务报表分析，最主要的方法是比较分析法和因素分析法。

一、比较分析法

比较分析法的理论基础，是客观事物的发展变化是统一性与多样性的辩证结合。共同性使它们具有了可比的基础，差异性使它们具有了不同的特征。在实际分析时，这两方面的比较往往结合使用。

（一）按比较参照标准分类

1. 趋势分析法

趋势分析就是分析期与前期或连续数期项目金额的对比。这种对财务报表项目纵向比较分析的方法是一种动态的分析。

通过分析期与前期（上季、上年同期）财务报表中有关项目金额的对比，可以从差异中及时发现问题、查找原因、改进工作。连续数期的财务报表项目的比较，能够反映出企业的发展动态，以揭示当期财务状况和营业情况增减变化，判断引起变动的主要项目是什么，这种变化的性质是有利还是不利，发现问题并评价企业财务管理水平，同时也可以预测企业未来的发展趋势。

2. 同业分析

将企业的主要财务指标与同行业的平均指标或同行业中先进企业指标对比，可以全面评价企业的经营成绩。与行业平均指标的对比，可以分析判断该企业在同行业中所处的位置。和先进企业的指标对比，有利于吸收先进经验，克服本企业的缺点。

3. 预算差异分析

将分析期的预算数额作为比较的标准，实际数与预算数的差距就能反映完成预算的程度，可以给进一步分析和寻找企业潜力提供方向。

比较法的主要作用在于揭示客观存在的差距以及形成

这种差距的原因，帮助人们发现问题、挖掘潜力、改进工作。比较法是各种分析方法的基础，不仅报表中的绝对数要通过比较才能说明问题，计算出来的财务比率和结构百分数也都要与有关资料（比较标准）进行对比，才能得出有意义的结论。

（二）按比较的指标分类

1. 总量指标

总量是指财务报表某个项目的金额总量，例如，净利润、应收账款、存货等。

由于不同企业的会计报表项目的金额之间不具有可比性，因此，总量比较主要用于历史和预算比较。有时候总量指标也用于不同企业的比较，例如，证券分析机构按资产规模或利润多少建立的企业排行榜。

2. 财务比率

财务比率是用倍数或比例表示的分数式，它反映各会计要素的相互关系和内在联系，代表了企业某一方面的特征、属性或能力。财务比率的比较是最重要的比较。它们是相对数，排除了规模的影响，使不同比较对象建立起可比性，因此广泛用于历史比较、同业比较和预算比较。

3. 结构百分比

结构百分比是用百分率表示某一报表项目的内部结构。它反映该项目内各组成部分的比例关系，代表了企业某一方面的特征、属性或能力。结构百分比实际上是一种特殊形式的财务比率。它们同样排除了规模的影响，使不同比较对象建立起可比性，可以用于本企业历史比较、与其他企业比较和与预算比较。

二、因素分析法

因素分析法也是财务报表分析常用的一种技术方法，它是指把整体分解为若干个局部的分析方法，包括财务的比率因素分解法和差异因素分解法。

（一）比率因素分解法

比率因素分解法是指把一个财务比率分解为若干个影响因素的方法。例如，资产收益率可以分解为资产周转率和销售利润率两个比率的乘积。财务比率是财务报表分析的特有概念，财务比率分解是财务报表分析所特有的方法。

在实际的分析中，分解法和比较法是结合使用的。比较之后需要分解，以深入了解差异的原因；分解之后还需要比较，以进一步认识其特征。不断的比较和分解，构成了财务报表分析的主要过程。

（二）差异因素分解法

为了解释比较分析中所形成差异的原因，需要使用差异分解法。例如，产品材料成本差异可以分解为价格差异和数量差异。

差异因素分解法又分为定基替代法和连环替代法两种。

1. 定基替代法

定基替代法是测定比较差异成因的一种定量方法。按照这种方法，需要分别用标准值（历史的、同业企业的或预算的标准）替代实际值，以测定各因素对财务指标的影响。

2. 连环替代法

连环替代法是另一种测定比较差异成因的定量分析方法。按照这种方法，需要依次用标准值替代实际值，以测定各因素对财务指标的影响。

在财务报表分析中，除了普遍、大量地使用比较法和因素分析法之外，有时还使用回归分析、模拟模型等技术方法。

第三节　财务报表分析的应用

一、杜邦财务分析体系

杜邦财务分析体系是由美国杜邦公司的经理创造的，又称为杜邦系统。现在我们以 D 乡镇企业为例，说明其主要内容，如杜邦财务分析体系图。

其中，权益乘数，表示企业的负债程度，权益乘数越大，企业负债程度越高。通常的财务比率都是除数。除数的倒数叫乘数。权益除以资产是资产权益率，权益乘数是其倒数即资产除以权益。其计算公式为：

权益乘数 = 1 ÷（1 − 资产负债率）

公式中的资产负债率是指全年平均资产负债率，它是企业全年平均负债总额与全年平均资产总额的百分比。

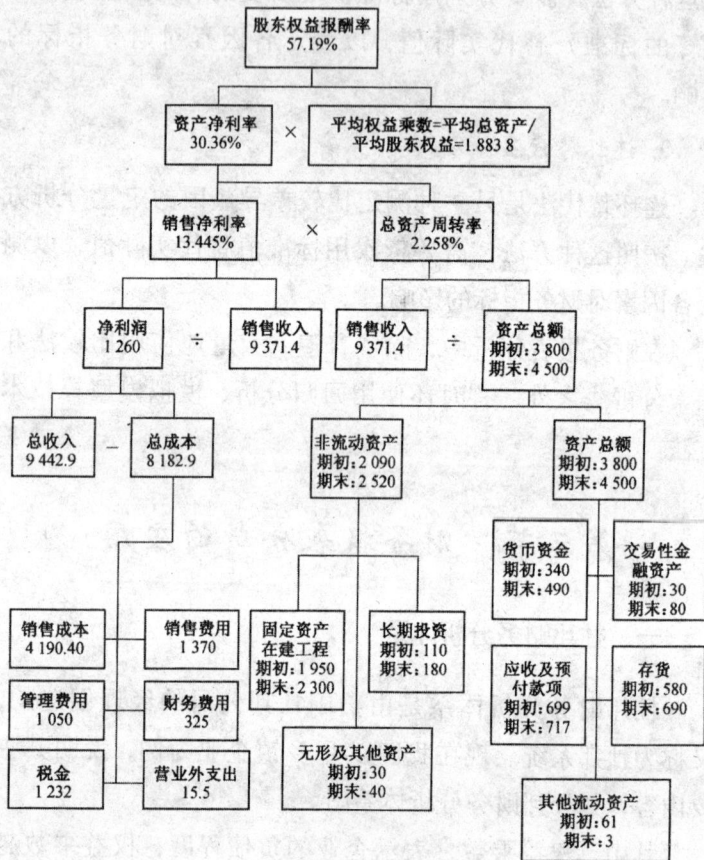

杜邦财务分析体系图（单位：万元）

[例5-1] D乡镇企业2007年度初，负债总额为800万元（流动负债220万元，非流动负债580万元），年末负债总额为1 040万元（流动负债300万元，非流动负债740万元）。依上式计算权益乘数为：

$$资产负债率 = [(800 + 1\ 040) \div 2] \div [(1\ 680 + 2\ 000) \div 2] \times 100\% = 50\%$$

$$权益乘数 = 1 \div (1 - 50\%) = 2$$

权益净利率就是净资产收益率，它是所有比率中综合性最强、最具有代表性的一个指标。

因为：权益净利率 – 资产净利率 × 权益乘数

而且：资产净利率 – 营业净利率 × 资产周转率

所以：权益净利率 – 营业净利率 × 资产周转率 × 权益乘数

从公式中看，决定权益净利率高低的因素有三个，即营业净利率、资产周转率和权益乘数。这样分解之后，可以把权益净利率这样一项综合性指标发生升、降变化的原因具体化，比只用一项综合性指标更能说明问题。负债比例大，权益乘数就高，说明企业有较高的负债程度，能给企业带来较大的杠杆利益，同时也给企业带来较大的风险。

营业净利率高低的因素分析，需要我们从销售额和销售成本两个方面进行。这方面的分析可以参见有关盈利能力指标的分析。

资产周转率是反映运用资产以产生销售收入能力的指标。对资产周转率的分析，需对影响资产周转的各因素进行分析。除了对资产的各构成部分从占用量上是否合理进行分析外，还可以通过对流动资产周转率、存货周转率、应收账款周转率等有关各资产组成部分使用效率的分析，判明影响资产周转的主要问题出在哪里。前面各节对上述指标的使用做过介绍，这里不再重复。

杜邦财务分析体系的作用是解释指标变动的原因和变

动趋势，为采取措施指明方向。

[例 5 - 2] 假设 D 乡镇企业第二年权益净利率下降了，有关数据如下：

权益净利率：资产净利率×权益乘数

第一年　16.3% = 8.15% × 2

第二年　12% = 6% × 2

通过分解可以看出，权益净利率的下降不在于资本结构，而是资产利用或成本控制发生了问题，造成资产净利率下降。这种分解可以在任何层次上进行，如可以对资产净利率进一步分解：

资产净利率 = 营业净利率×资产周转率

第一年　8.15% = 3.894/% × 2.093

第二年　6% = 2.79/% × 2.224

通过分解可以看出，资产的使用效率提高了，但由此带来的收益不足以抵补营业净利率下降造成的损失。至于营业净利率下降的原因是售价太低、成本太高还是费用过大，则需进一步通过分解指标来揭示。

此外，通过与本行业平均指标或同类企业对比，杜邦财务分析体系有助于解释变动的趋势。

[例 5 - 3] 假设 C 公司是一个同类企业，有关比较数据如下：

资产净利率 = 营业净利率×资产周转率

D 乡镇企业：

第一年　8.15% = 3.894% × 2.093

第二年　6% = 2.79/5 × 2.224

C公司：

第一年 8.15% = 3.894% × 2.093

第二年 6% = 4% × 1.5

两个企业利润水平的变动趋势是一样的，但通过分解可以看出原因各不相同。D乡镇企业是成本费用上升或售价下跌，而C公司是资产使用效率下降。

应当指出，杜邦财务分析体系是一种分解财务比率的方法，而不是另外建立新的财务指标，它可以用于各种财务比率的分解。前面的举例，是通过资产净利率的分解来说明问题的，我们也可以通过分解利润总额和全部资产的比率来分析问题。为了显示正常的盈利能力，我们还可以采用非经常项目前的净利润和总资产的比率的分解来说明问题，或者采用营业利润和营业资产的比率的分解来说明问题。总之，杜邦财务分析体系和其他财务分析方法一样，关键不在于指标的计算而在于对指标的理解和运用。

二、沃尔评分法

财务状况综合评价的先驱者之一是亚历山大·沃尔。他在10世纪初出版的《信用晴雨表研究》和《财务报表比率分析》中提出了信用能力指数的概念，把若干个财务比率用线性关系结合起来，以评价企业的信用水平。他选择了七种财务比率，分别给定了其在总评价中占的比重，总和为100分。然后确定标准比率，并与实际比率相比较，评出每项指标的得分，最后求出总评分。

[例5-4] 我们用沃尔评分法给 D 乡镇企业的财务状况评分，结果见表5-1、表5-2、表5-3。

沃尔比重评分法的基本步骤：

第一步，选择评价指标并分配指标权重。如表5-1所示。

表5-1　评价指标与分配权重

选择的指标	分配的权重
一、偿债能力指标	20
1. 资产负债率	12
2. 已获利息倍数	8
二、获利能力指标	38
1. 净资产收益率	25
2. 总资产报酬率	13
三、运营能力指标	18
1. 总资产周转率	9
2. 流动资产周转率	9
四、发展能力指标	24
1. 营业增长率	12
2. 资本积累率	12
合计	100

第二步，确定各项评价指标的标准值。

财务指标的标准值一般可以行业平均数、企业历史先进数、国家有关标准或者国际公认数为基准来加以确定。如表5-2所示中的标准值仅是为举例目的而假设的。

表5-2　各项指标的标准值

选择的指标	指标的标准值
一、偿债能力指标	
1. 资产负债率	60%
2. 已获利息倍数	3
二、获利能力指标	
1. 净资产收益率	25%
2. 总资产报酬率	16%
三、运营能力指标	
1. 总资产周转率	2
2. 流动资产周转率	5
四、发展能力指标	
1. 销售增长率	10%
2. 净利增长率	15%

第三步，对各项评价指标计分并计算综合分数。如表5-3所示。

$$各项评价指标的得分 = 各项指标的权重 \times \left(\frac{指示的实际值}{标准值} \right)$$

$$综合分数 = \Sigma 各项评价指标的得分$$

表5-3　沃尔综合评价

选择的指标	分配的权重①	指标的标准值②	指标的实际值③	实际得分④ = ①×③÷②
一、偿债能力指标	20			
1. 资产负债率	12	60%	52%	10.4
2. 已获利息倍数	8	3	2.82	7.52

续表

选择的指标	分配的权重①	指标的标准值②	指标的实际值③	实际得分④ = ①×③÷②
二、获利能力指标	38			
1. 净资产收益率	25	25%	16.3%	16.3
2. 总资产周转率	13	16%	8.42%	6.841
三、运营能力指标	18			
1. 总资产周转率	9	2	2.093	9.423
2. 流动资产周转率	9	5	5.88	10.584
四、发展能力指标	24			
1. 销售增长率	12	10%	11.49%	13.79
2. 净利增长率	12	15%	9.09%	7.272
综合得分	100			82.13

第四步，形成评价结果。在最终评价时，如果综合得分 >100，说明企业的财务状况比较好；反之，则说明企业的财务状况比同行业平均水平或者本企业历史先进水平低。由于该公司综合得分为82.13，<100，说明其财务状况中等偏下。

沃尔比重评分法是评价企业总体财务状况的一种比较可取的方法，这一方法的关键在于指标的选定、权重的分配以及标准值的确定等。

第六章　村集体财务管理

第一节　村集体经济组织概述

一、村集体经济组织的演变

从法律角度来看，农村集体经济组织的概念最早出现在 1982 年宪法中。此后，1993 年、1999 年的宪法修正案仍然沿用了这一概念。但农村集体经济组织的含义至今没有严格的法律界定。农村集体经济组织是随着农村经济体制的改革而演变发展的，新中国建立初期的土地改革时期，确立了农民土地所有制，农村的基本生产单位是个体家庭，没有形成集体经济组织。互助组和初级合作社时期，在保持土地及其他生产资料私有和各家各户独立经营的基础上，互助组成员相互合作、统一经营，收入分配实行按劳、按股相结合的办法。此时，基于生产资料私有而达成的生产合作组织也不同于现在意义上的完全按劳分配的农村集体经济组织。在高级合作社中，入社的土地等生产资料一律由农民所有转归合作社全体社员集体所有，收入全面实行按劳分配，形成了"农村集体经济组织"的雏形。高级合作社又发展为工、农、商、学、兵相结合的人民公社。20

世纪70年代末80年代初，以家庭联产承包责任制为内容的农村改革，促使人民公社全面解体。随着村民自治组织的普遍设立，相应的村集体经济组织的职能也被村民委员会代为行使。

二、村集体经济组织的概念界定及特点

（一）村集体经济组织的概念

村级集体经济组织是指全体村民以生产资料集体所有的形式组成的，实行独立核算、自负盈亏的社区性经济组织，包括代行集体经济组织权利的村民委员会。农村集体经济组织是村集体资产管理的主体，代表农村劳动群众行使农村土地所有权以及其他集体资产的管理、使用、收益和处分权。它是社会主义劳动群众集体所有制的基本组织形式，是农村统分结合的双层经营体制中"统"方经营者。

（二）村集体经济组织的特征

村集体经济组织既是一个具有社区管理和服务功能的组织，又是一个具有一定的生产经营活动的组织。一般具有如下特征：一是具有营利性和服务性双重使命；二是有统分相结合的双层经营特点；三是组织内部管理具有自治性和民主性；四是集体资产所有者与劳动者的同一性；五是在地域上具有明显的社区性。

三、村集体经济组织财务的概念界定

村集体经济组织财务，又称村级财务，是指对村集体

经济组织的资金运用进行记录、计量、核算、报告和管理的财务活动。它不同于村办集体企业和农场的财务活动，但与它们存在一定的联系。如村级财务可能包括来自村办企业或农场上缴的利润，也可能有对这些经济单位的投资和基本建设支出等。村级财务只核算这些承包收入和投资支出，而不核算这些经济单位内部各自的经济活动。村集体经济组织所属的各承包单位实行单独核算，其发生的经济业务不记入村集体经济组织的账内。村集体经济组织财务管理，主要包括农村资金的筹集、使用、耗费、收回、分配几个环节的管理。具体包括对土地发包取得的土地承包收入的核算，集体资产的增加或减少的记录，对村集体所有的池塘、河坝、林地、果园等承包取得收入的核算，以及举办的村办企业上缴利润的管理、对集体空房的出租、年底利润的分配、税后盈余的返还、年末股金分红等。

第二节　村集体财务管理

一、货币资金收支管理

农业税取消后，村级集体收入的来源主要是上级转移支付资金。除此之外，还有机动地的发包收入、一事一议筹资及村级资产租赁、变卖收入等。村集体经济组织向单位和农户收取现金时手续要完备，各村报账员使用统一规定的收款凭证，在规定的时间内足额缴入统管账户，不准以白条抵库，不准坐支、挪用。按村设账、乡管村用，使村级所有资金置于核算中心"一个漏斗"进出和监控。"一事一议"筹资应严格按照上级有关规定，在征得全体村民2/3 以上人数同意的前提下，将"一事一议"筹资计划报主管部门批准后方可筹资，每人每年筹资最高不超过 15元，由乡镇统管会计分村记账，并加强对一事一议资金收入和使用的监督管理，定期进行专项检查。

目前村级支出主要包括"五保户"支出、村干部工资及村级管理费用三项。根据各村规模及经济发展状况，核定村级总费用及单项开支的限额标准，采取定项限额审批制与包干管理相结合的方式进行管理。如村级办公经费分为水电费、电话费、报刊费、办公用品购置等支出，村级不得随意扩大开支范围。金额较大的相关费用开支需经村两委研究同意后，由书记、主任共同审批。对于不合理的开支票据加盖"不予入账"或"补办手续"章。将电话费、差旅费、会议费等定额包干到人，超支不补，并按照"谁审批付款、谁经手谁负责补办或退回"的原则，跟踪审核。建立健全现金开支审批制度，严格现金开支审批手续。对手续不完备的开支，不准付款；对不合理的开支，经办人有权向民主理财小组或上级主管部门反映。

二、实物资产管理

对于村集体的实物资产进行财务管理，主要是对固定资产和存货的控制。

（一）固定资产控制

1. 购置和验收环节控制

根据村集体经济的规划和经费预算，经村民代表大会集体论证研究编制年度构建固定资产的计划，并按照经费管理权限审批。验收人员对所验固定资产的质量、数量进行认真核查并登记备案。财会人员要对固定资产的购置活动和财务情况进行监督，对固定资产进行编号、建账、建卡，审核发票和有关财务凭据后建立固定资产总账、明细账和资产管理台账，及时准确反映固定资产增减变化实际情况。

2. 日常管理控制

固定资产应由相对稳定的专门人员进行管理。建立严格的内部管理制度，明确专人负责，定期对固定资产进行盘点清查，达到账账、账表、账证、账物一致，确保村级资产的真实完整。当集体土地、企业、设施、设备等发生产权转移时，必须经农村集体资产管理部门和具有评估资质的单位按照程序科学评估。对外出租或出借时要审核其手续，经村集体经济组织成员大会或成员代表大会讨论通过。

对于村级固定资产的处置还应建立公示听证制度，即村级固定资产处置要公示，重大固定资产处置方案要进行听证，及时听取群众意见。

（二）存货管理

第一，确保办理存货采购、验收、保管、处置业务的不相容岗位相分离。不得由同一个部门或个人办理存货的全过程业务。

第二，根据存货的不同取得方式，采取相应的方法实施有效控制。对于外购存货，采购批量和时点的确定应当符合村集体经济组织经营管理的实际需要；接受投资者投入的存货，其价值和质量应经评估机构进行评估，并审核是否与合同或协议上的约定相一致等。

第三，村集体经济组织有关人员在对存货的品种、数量、质量等进行核实无误后，出具验收证明，并及时办理入库手续。

第四，加强对存货的日常管理，严格限制未经授权的人员接触存货。建立存货的分类管理制度，确保重要存货的保管、调用、转移等经过严格授权批准，并在一个环节有两人以上同时经办。

第五，加强对存货领用和发出的控制。因生产需要领用存货时，应填制领料凭证，报主管负责人批准，由会计填写出库单，领用人签名盖章后才可出库。

三、采购付款业务管理

村集体经济组织应当对采购与付款业务，建立一套严格的控制制度。从请购、审批、合同订立、采购、验收到付款的所有环节，都建立逐级审批的责任机制。首先，对于审批人——村干部超越授权审批的采购与付款业务，经办人员有权拒绝办理，并及时向民主理财小组或上级主管部门反映。集体建设项目、购置大型或大批设备，必须公开招标。由村价格审核小组核价后报镇价格审核小组进一步核定，避免个别干部捞好处占便宜。其次，在采购与付款各环节，经办人要取得合法的采购发票、填制相应的凭证，财会人员要加强对采购发票及合同、结算凭证、验收证明、入库凭证等有关单据和凭证的相互核对工作及管理。如在合同管理上，大额标的必须由"两委"会或村民代表会议讨论通过，报镇审核把关后方可签订，防止出现不规范合同。在票据管理上，村级在收支活动中，除使用税务发票外，一律使用市、区农业部门统一印制的收付款专用票据，以有效解决收入不入账、冒领冒支现象发生。再次，村集体经济组织应当定期或不定期对采购业务内部控制进行监督检查，对发现的薄弱环节，应当及时采取措施，加以纠正和完善。

四、销售收款业务管理

（1）建立销售与收款业务的岗位责任制，明确相关部门和岗位的职责、权限，确保办理销售与收款业务的不相容岗位相互分离、制约和监督。销售部门主要负责处理订单、销售合同、执行销售政策和信用政策；发货部门主要负责审核销售发货单据是否齐全并办理发货的具体事宜；财会部门主要负责销售款项的结算和记录、监督管理货款回收。

（2）村集体经济组织发生销售收款业务时，村委会主任作为实际权力实施者，在履行经济职能时，必须按照村集体经济组织章程上有关销售与收款授权批准制度的规定，在授权范围内进行审批。经办人在职责范围内，按照村干部的批准意见办理销售与收款业务。对于村干部超越授权范围审批的销售和收款业务，经办人员有权向民主理财小组汇报。

（3）指定专门人员就销售价格、信用政策、发货及收款方式等具体事项与客户进行谈判，授权有关人员与客户签订销售合同。

五、借款业务管理

（1）村集体经济组织应明确借款审批人和经办人的权限、程序和责任，对借款业务实行集体决策和审批，不得由同一人办理借款业务的全过程。严格控制村干部擅自进行集体贷款，实行新增贷款审批制度。通过村两委研究、群众表决、乡镇管理中心批准，方可实施村集体贷款业务。

（2）村集体经济组织应当在借款各环节中按照《村集体经济组织会计制度》相关规定设置相关的记录、填制相应的凭证，并加强对借款合同等有关单据、凭证的相互核对工作和管理。

（3）村集体经济组织应当定期或不定期对借款业务内部控制进行监督检查，对发现的薄弱环节，应当及时采取措施，加以纠正和完善。

六、对外投资管理

村集体经济组织根据国家法律、法规规定，可以采用货币资金、实物资产或者购买股票、债券等有价证券方式向其他单位投资，包括短期投资和长期投资。短期投资指能够随时变现并且持有时间不准备超过一年（含一年）的有价证券等投资。长期投资指不准备在一年内（不含一年）变现的有价证券等投资。村集体经济组织以实物资产方式对外投资，其评估确认或合同、协议确定的价值必须真实、合理，不得高估或低估资产价值。实物资产重估确认价值与其账面净值之间的差额，计入公积金、公益金。对外投资分得的现金股利或利润、利息等计入投资收益。出售、转让和收回对外投资时，按实际收到的价款与其账面价值的差额，计入投资收益。

从以下三个方面加强对外投资管理工作。

（1）村集体经济组织的对外投资业务包括对外投资决策、评估及其收回、转让与核销。集体投资业务应当实行村民大会或村民代表大会集体决策，严禁村干部个人擅自决定对外投资或者改变集体决策意见。对于审批人超越授权审批的对外投资业务，经办人有权拒绝办理，并及时向民主理财小组或上级主管部门反映。

（2）村集体经济组织应加强对外投资成本、收益分配、转让及核销的会计核算，严禁设置账外账。加强对审批文件、投资合同或协议、投资方案书、对外投资有关权益证书、对外投资处置决议等文件资料的管理，明确文件资料的取得、归档、保管、调阅等各个环节的管理规定及相关人员的职责权限。

（3）建立对外投资责任追究制度，对在对外投资中出现重大决策失误、未履行集体审批程序和不按规定执行对外投资业务的人员，应当追究相应的责任。

第三节　民主理财和财务公开

一、民主理财

根据有关规定，村集体经济组织的财务管理工作应坚持民主理财的原则，以保障村集体经济组织成员对集体财务的知情权、决策权和监督权。民主理财是保障农村财务公开落到实处的重要制度。

1996年12月16日农业部、监察部下发的《村集体经济组织财务公开暂行规定》第四条要求："村集体经济组织应建立以群众代表为主组成的民主理财小组，对财务公开活动进行监督。民主理财小组应由村民大会或村民代表大会选举产生。"第四条具体界定了村集体经济组织民主理财小组的职权，主要有四条：①有权对财务公开情况进行检查和监督；②有权代表群众查阅审核有关财务账目、反映有关财务问题；③有权对财务公开中发现的问题提出处理建议；④有权向上一级部门反映有关财务中的问题。

民主理财小组的成员应由村集体经济组织成员大会或

成员代表大会选举产生，应有 2/3 以上的群众代表，定期召开理财会议，听取和反映全体成员对村集体经济组织财务管理工作的意见和建议。民主理财小组有权监督财务制度的实施情况，重点对财务计划、收益分配方案、公积金、公益金、福利费的提取和使用，管理人员工资的确定，承包合同及其他经济合同的执行和实施情况进行检查；有权检查现金、银行存款、物资、产成品、固定资产的库存情况；有权检查会计账目等。民主理财小组要对以下活动进行监督：①收入来源是否真实、合法；②支出是否符合规定；③支出单据是否合法，要素是否齐全，支出是否真实；④审核通过后，要履行必要的签章手续；⑤监督财务公开工作。在具体操作中，一是要审核财务收支公开表；二是要审核单据；三是要核对账据、账账、账簿和账表；四是要填写好理财意见书等。

二、财务公开

（一）村务公开的概念

村务公开，是在一个村民委员会的辖区内，村民委员会把办理本村涉及国家或集体公共事务的活动情况，通过一定的形式和程序公开告知全体村民，并由村民参与管理、实施监督的一种民主行为。

（二）村务公开的内容

1. 政务公开

政务指乡镇政府下达的、需要村民委员会组织村民完成的各项国家任务及一些行政工作。通常需要向群众公开的政务有计划生育、宅基地申请审批、国家建设征用土地、救灾救济款物的发放等项目。计划生育情况，包括本村年度人口计划及符合计划内一胎、二胎指标条件、生育的夫妇名单；生育证的办理、发放办法、报批程序、收费标准等。宅基地申请审批情况包括申请建房户的名单、申请理由、原有宅基地面积和申请的宅基地面积；村民委员会制定的本村建设规划和经村民委员会认可、村民代表会议通过的建房户名单；政府批准的建房户名单；建房地点、面积及其收费情况等。国家建设征用土地情况包括国家建设征用土地的数量、地点；耕地补偿费总额，包括土地补偿费，地上建筑物、树木、水利设施等附着物的补偿费和青苗补偿费，劳动力的安置方案等。

2. 自治事务公开

自治事务主要包括：经济建设情况，兴办公益福利事业情况，农民负担情况，村干部的任期目标和完成情况，水、电费的价格及每户交纳的数目和管理情况等。经济建设情况，包括村集体的山林、土地、水利工程、电力设施等工程项目的承包、拍卖、转让、出租、国家征用及兑现情况；村集体经济项目的立项、承包方案。兴办公益福利事业情况包括兴办学校、文化站、图书馆、村建道路、饮水供应等村公共事务经费的筹集方案；兴办敬老院、幼儿园、广播、电视、绿化、卫生等村公益事业建设的承包方案等。农民负担情况包括乡统筹和村提留的收缴使用方案；

本村享受误工补贴的人数和补贴标准；根据各种涉及农税法的规定，农民应承担的税额及收缴情况；本村雇用的护林员、治安员、水管员、电工等人员的补贴标准和数额及其他收费项目和数额。村干部的任期目标和完成情况，包括村干部上任时要向村民交代自己任期内计划做哪些大事，到届满时这些目标的完成情况。水、电费的价格及每户交纳的数目和管理情况，牵动各家各户的切身利益，必须向群众讲清楚，让大家明明白白地消费。

3. 财务公开

财务公开的主要内容有财务收入、财务支出、财产、债权债务、合同兑现等五个方面。财务收入，包括村办企业、集体土地、山林、工程承包费、上缴利润和管理费；村里兴办公共事务和公益事业所需资金的筹集费用；各种罚没款、土地转让费、利息收入等；国家下拨的各类专项资金；捐赠收入、处理集体财产所得收入、借入资金和其他收入。财务支出包括村办企业、集体山林、土地、水电设施等所需费用；兴办公共事务和公益事业经费的使用情况；烈军属和特困户的补助支出；村干部的补贴情况；民办教师工资支出；村民委员会的办公、差旅、电话、报刊和公务活动费用；借出资金和其他支出。财产包括村集体所有的固定资产、股息及其产品和物资等。债权债务包括外单位、村内、村外个人占用和欠村集体的各种资产和款项；本村占用和欠外单位及村内、村外个人的资产和款项。合同兑现包括各承包项目的标的、发包情况；承包项目实际兑现入账数额等情况。

以上这些村务，基本上涵盖了政治、经济和文化等各个方面。因而，实行村务公开，基本上确保了农民群众的政治、经济和文化等民主权利的实现。村务公开的目的，就是在村民自治中真正实现村民当家做主的民主管理。村务公开贯穿于村委会工作的各个方面，贯穿于村民自治的各个环节。只有真正实行村务公开，切实保证村民对村内事务的知情权，才能真正实现村民当家做主，才能使民主选举、民主决策、民主管理和民主监督得以落实。

第七章 农民专业合作社财务管理

第一节 概述

农民专业合作社是在农村家庭承包经营的基础上，同类农产品的生产经营者或同类农业产业经营服务的提供者、利用者，自愿联合、民主管理的互助性经济组织。农民专业合作社与以公司为代表的企业法人一样，是独立的市场经济主体，具有法人资格，享有生产经营自主权，受法律保护，任何单位和个人都不得侵犯其合法权益，"民管、民办、民受益"是其主要原则。

（一）农民专业合作社的特点

（1）一般建在乡（镇）或村，更贴近农民。

（2）对农产品，实行统一收购、统一包装、统一营销。

（3）在确定收购价格时，一般实行"下保底上不限"政策，以保障农民利益。

（4）年终盈余一般要以返利形式返还给农民。

（二）农民专业合作社应遵循的五大基本原则

（1）成员以农民为主体。

（2）以服务成员为宗旨。

（3）入社自愿，退社自由。

（4）成员地位平等，实施民主管理。

（5）盈余主要按照成员与农民专业合作社的交易量（额）比例返还。

（三）农民专业合作社的职能

作为中国农民的联合体，作为中国农民利益的代表，作为农业产业化的核心载体，为迎接全球经济一体化，中国的农民专业合作社，必须履行如下六大职能。

1. 服务的职能

合作社要盈利，但盈利不是合作社的最终目的，合作社是社员的自助和互助组织，它的主要目的应是为社员服务。作为农民专业合作社，就必须要为农民社员服务，使农民社员能够以低廉的价格购置所需要的生产资料和生活资料，以较高的价格销售出自己的产品。给社员提供技术和信息，给社员提供机会和渠道，并学习发达国家合作社的经验，力争服务的范围越来越广泛，服务的水平越来越上档次。

2. 纽带的职能

专业合作社作为农民的组织，必须成为政府和农民的纽带。上情下达，下情上达，协助政府贯彻和落实农业与农村政策，把农民的意愿反馈给政府，为政府施政提供第一手材料。作为农民的组织，专业合作社也必须成为农民与市场、农民与龙头企业等的纽带，使农民有通畅的销路，商家有稳定的货源，为商家和农民架起一座双赢的金桥。

3. 保护的职能

作为弱势群体的代表，专业合作社必须成为农民利益的代表，不仅仅是作为一个经济组织，还要发挥类似于日本农协和美国行业协会的作用，为减轻农民的负担，保护农民的权益不受侵害而努力。同时，专业合作社也要成为农民生活的空间——农村的利益的代表，发挥农民的联合体的作用，保护农村的环境，保护农村的资源，使我国的农业能够可持续地发展。

4. 教育的职能

专业合作社作为农民的联合体，必须为社员素质的提高而努力。农业结构的调整、科技的转化、技术的普及、生产经营与管理水准的提高，都离不开社员素质的提高。目前，在农村劳动力中，小学及其以下文化程度的占总劳动力的40%，文盲和半文盲约占总劳动力的18%。这种现状，是不能适应今后农业的设施化、机械化、信息化和集约化的要求。现代化的农业需要现代化的农民，需要现代化的农民的合作社组织。提高农民的文化与科技素质，理应引起合作社的高度重视。

5. 示范的职能

一项统计显示：全国利益关系比较紧密、真正称得上农业产业化组织的只有1.2万个左右，连接农户约2 000万户，占全国农村总户数的9%。这同发达国家相比，至少差

8~9倍。没有高度的农民组织化，没有生产经营的集约规模化，产业化就无从谈起。中国的农民专业合作社，必须通过自身的发展，带动更多的合作社的成立，带动更多的农民参加，并在实践中发展一批成功的、具有示范作用的样板社，带动更多的成功社的出现。

6. 发展的职能

我国的合作社虽有了几十年的历史，但在市场经济条件下发展起来的农民合作社应该说才刚刚起步。"发展是硬道理"，今后，既要总结过去的经验教训，又要学习发达国家合作社的成功的经验，更要结合中国的实际情况进行探索与突破。合作社不是资本主义独有的，也不是社会主义特有的，只要有市场，就会有合作社。合作制不同于集体制，也不同于股份合作制，更不同于股份制。从欧洲及美、日等国的合作社的经验看，它的内容非常广泛，合作社的形式也是多种多样。事业内容上也从小农业延伸到流通业，进而拓宽到大农业以至于蔓延到农工商贸加的一体化大循环。合作社可以创办公司和工厂，这些公司或工厂可以根据需要采用合作制、股份制等各种制度。总之，只要坚持发展，中国农民专业合作社的路会越走越宽。

（四）农民专业合作社的发展条件

1. 坚强的后盾

农民专业合作社的后盾不是什么个人或者什么组织，而是理论和法律，理论好比灯塔，法律如同准绳。对于农民专业合作社来说，这个理论就是科学的合作社理论，这个法律就是《农民专业合作社法》和有关规章。要发展农民专业合作社，必须彻底、深入、全面地贯彻、落实合作社基本原则和《农民专业合作社法》，否则就无法办成真正的农民自己的组织，无法驾驭农民专业合作社在市场经济化和经济全球化下的浪潮中破浪前行。

2. 宽松的环境

宽松的外部环境是农村专业合作经济组织得以生存的土壤。这个环境，指的就是该农民专业合作社所在地区的党和行政组织及乡镇村的有关政策。由于历史等多方面原因，长期以来，在我国形成了工农二元经济结构，农民的经济与社会地位一直较低，贫困、经济差距及负担过重等沉重的话题无不与农民密切相关。在发展农民专业合作社的过程中也要面临诸如许可、登记、人员、场地、资金、技术、信息、产品、市场、税收等一系列环节或难点。在这个过程中，地方政府部门及有关主管或行业部门的关心和支持就十分必要。可以在组建过程中给予财政补贴或是信贷支持，可以给予减免税收或免除管理费，可以为其提供技术、信息、设施等配套服务，可以实施优惠性政策、让农民专业合作社享受作为合作社法人的特殊待遇等。切记不要擅自改变合作社的地位，或是剥夺合作社的财产，更不能随意对合作社发号施令、干预或干扰合作社的正常工作。

3. 准确的定位

准确的定位，是要求农民专业合作社在市场经济建设和开展农业产业化的进程中能够始终扮演好自己的角色，发挥自己的特色。农民专业合作社是"民办，民管，民有，民受益"的农民的合作组织，不是个体或私营企业，也不是泛意义上的集体经济组织，更不是单纯追求经济利益的一般股份公司。这个定位很重要，只有认清了自己的位置，才能履行好自己的义务。农民专业合作社的义务是什么？是引导和带领社员，通过合作社来实现自己个人无法实现的效益和效率；利用自己个人难以利用到的设施、设备、信息或手段；减少个人的交易成本与风险。简单地说，农民专业合作社必须要发展成为农业产业化经营与社会化服务的载体。

4. 过硬的干部

纵观世界各国的农民合作经济组织，在其形成与发展的过程中有一个共性的东西，即该组织领导能力发挥得好坏直接影响了组织的发展与建设。目前，在我国的农民专业合作经济组织中，多数的领导干部是由骨干农民或是专业大户出任的。作为专业组织来讲，这有很大的优势，能够带领会员迅速掌握和应用先进的或实用的技术，提高组织的整体技术水平。但在市场经济条件下，仅有这方面的优势是不够的。要成为一名出色的农民合作经济组织的负责人，必须洞察国际经济和农业领域的动态，熟悉国家在农业、农民、农村工作中的大政方针；必须善于协调和搞好与地方党政群研等部门的关系，为合作社创造良好的工作环境；必须善于团结社员，调动社员的积极性，增强组织的凝聚力；必须对合作社的发展目标胸有成竹，做出实际可行的短中长期规划；必须既懂技术，又懂经济和善于经营，善于在市场竞争中把握全局。只有这样的复合型干部，才能更好地带领合作经济组织走向前进。

5. 充足的资金

不单是农民专业合作社，其他企业也一样，足够的启动资金和周转资金，是开展一切经济活动的前提条件。对于农民专业合作社来说，难度就更大一些。目前，专业合作经济组织最主要的做法就是社员集资入股（出资）方式，如大量发展社员来扩大合作社规模，或是搞股份合作制等。但在一些贫困地区，农民的出资能力有限，效果就不是很好。还有的依靠地方财政支持或是从金融系统融资，由于专业合作组织的地位等问题，限制也比较多。这个问题看来应该引起有关部门的重视，资金问题解决不好，就束缚了农民专业合作社的发展。一些地区尝试开展资金互助，或依托供销社和信用社的资金、设施等优势组建"三位一体"的农村合作组织，至少为我们提供了一些思路，便于大家集思广益。

6. 扎实的基础

农民专业合作社的基础是广大的社员，离开了这个基础，合作社便成了无源之水，无本之木。自然，社员队伍的巩固和素质的提高也直接影响着合作经济组织的壮大和发展。教育原则是国际合作社联盟七原则之一，马克思和列宁也一再强调对农民教育的重要。农民专业合作社要实现发展，就必须建设符合市场化和产业化要求的人才队伍与社员队伍，早日把农民专业合作社打造为农民自己的现代企业。

第二节　财务管理

随着农村经济的发展，农民专业合作社的数量、规模不断扩大，预示着农民专业合作社发展已进入一个新的阶段。大力发展农民专业合作社是积极发展现代农业，扎实推进社会主义新农村建设的重要举措，也是全面落实科学发展观、构建社会主义和谐社会的必然要求。农民专业合作社作为独立的市场经济主体，为推动其健康运行和有序发展，必然要求加强农民专业合作社财务及管理工作，必须要组织好各项资金活动，处理好各种财务关系，准确记录和反映合作社生产运营状况和财务运行情况。而长期以来，农民专业合作社的财务管理工作一直被忽视限制了合作社提升空间，也阻碍了农民专业合作社健康长远的发展。农民专业合作社要发展壮大，不仅需要政策的支持，也需要加强内部自身的管理，特别是财务管理工作。对财务管理工作中存在的问题进行认真分析并积极寻求解决措施，对于提高合作社竞争力、促进合作社长足发展具有至关重要的意义。

（一）财务制度建立的情况及存在的问题

1）农民专业合作社财务制度建立的法律基础已经确立。《农民专业合作社法》于 2006 年 10 月 31 日第十届全国人大会上通过，并于 2007 年 7 月 1 日正式实施。这部法律的出台，是我国社会主义市场经济体制进一步完善的重要标志，是农村改革开放进程的又一重要里程碑，对"三农"事业的推动必将起到重大而深远的影响。《农民专业合作社法》第五章第三十二条规定，农民专业合作社应当按照国务院财政部门制定的财务会计制度进行会计核算。2007 年年底《农民专业合作社财务会计制度（试行）》由财政部颁布，2008 年 1 月 1 日起正式施行。《农民专业合作社法》和《农民专业合作社财务会计制度（试行）》的颁布，为农民专业合作社财务制度的确立奠定了法律依据，这必将进一步促进农民专业合作社的发展，完善农民专业合作社的管理，更大程度上保护农民专业合作社及其成员的合法权益。

2）农民专业合作社财务制度建立方面存在的问题。尽管我国相继出台了《农民专业合作社法》和《农民专业合作社财务会计制度（试行）》，但目前农民专业合作社的财务制度建立情况并不理想。目前，虽然合作社初步实施了会计核算、筹资管理等财务基础工作，但并未建立完整的财务制度，未形成完整的约束体系。

（二）会计核算情况及存在的问题

会计核算是农民专业合作社财务及管理工作的核心和

基础。我国已经颁布了《农民专业合作社财务会计制度（试行）》，使会计核算工作有了制度规范。但是，由于合作社财务及管理工作基础薄弱，会计核算工作还很不完善，相当一部分合作社的会计核算工作还很混乱。

（三）资金筹集情况

充裕的资金是合作社发展强大的物质基础，是合作社成功运行的重要保障。尤其是在加入世界贸易组织之后，农民专业合作社发展迅速，为了适应农产品对外贸易发展的要求，合作社成员共同投资，兴建从事农产品加工的经济实体成为一种趋势。兴建经济实体必然要求有大量资金投入，使得合作社的资金需求量大增。一方面，合作社资金需求量大增；而另一方面，合作社筹资却又非常困难，造成合作社资金严重缺乏。根据有关调研，资金缺乏是制约当前农民专业合作社发展的主要问题之一。主要体现在：筹资渠道狭窄、金融体系不完善、政策制度不健全等。

（四）资金管理情况

资金是任何企业和组织生存、发展的基础。财务及管理工作的核心是资金管理，资金是贯穿财务及管理工作始终的一根红线，但很多合作社的资金管理工作做得很不到位。主要体现在：股金管理存在隐患、对国家扶持资金缺乏管理监督机制、没有严格的资产管理制度、合作社投资活动少、资金没有得到有效运营等。

（五）盈余分配情况

盈余分配是财务管理工作的一项重要内容，也是合作社所有成员都关心的一个问题，合理盈余分配是合作社增强吸引力、凝聚力和向心力的动力。在国外，农民专业合作社都很重视盈余分配的管理工作。例如，在美国，主要采用以下分配机制：首先，社员按交货权提交货物时，可按照合作社的收购价获得货物价款，如果不能够立即获得价款，最迟也会在年终结算后获得；其次，合作社的利润每年都按社员投资比例分配给社员，并没有作为合作社的积累资金留在社内，利润及时以现金形式返还给社员，使社员在短期内就可见到直接的收益，极大地提高了他们的投资热情。合作社若要发展新项目，需要注入新资金，则再向社员发行股份或向外借贷。

目前，我国已经就合作社的盈余分配作出了相关的法律法规。《农民专业合作社法》第三十七条明确规定：在弥补亏损、提取公积金后的当年盈余，为农民专业合作社的可分配盈余。可分配盈余按照下列规定返还或者分配给成员，具体分配办法按照章程规定或者经成员大会决议确定：①按成员与本社的交易量（额）比例返还，返还总额不得低于可分配盈余的60%；②按前项规定返还后的剩余部分，以成员账户中记载的出资额和公积金份额，以及本社接受国家财政直接补助和他人捐赠形成的财产平均量化到成员的份额，按比例分配给本社成员。但目前我国农民专业合作社盈余分配制度却相当混乱，出现多样化、不规范等问题。

（六）内部会计控制情况

内部会计控制是指为了提高会计信息质量，保护资产的安全、完整，确保有关法律法规和规章制度的贯彻执行等而制定和实施的一系列控制方法、措施和程序。内部会计控制的主要目的是为了提高会计信息质量，保护财产的安全完整，保证法规制度的贯彻执行。无论对于企业还是组织，加强内部会计控制都是保证其健康发展的重要基础。为了改善企业管理、提高企业会计信息质量，财政部陆续发布了《内部会计控制规范——基本规范》等一系列内部会计控制制度。但是农民专业合作社并不是普通的企业，其组织模式、经营特点都有其不同于企业的特殊性，目前我国农民专业合作社内部会计控制问题非常突出，这也严重影响了合作社的健康发展。主要体现在：没有建立有效的内部会计控制制度、未真正实行岗位分离制度、缺乏货币资金使用的授权审批制度、内部会计控制制度执行不力、民主治理结构不齐全、缺乏必要的财务监督机制等。

综上所述，我国农民专业合作社正处于发展初期，其财务及管理工作还很薄弱，许多管理机制制度还不够完善。财务及管理工作的混乱，会使合作社社员对其权利和义务、权益和责任不清楚，长此以往就会使社员对合作社失去信心。所以，合作社要发展，必须给合作社每个成员一笔明白账，即让每个成员都能读懂的财务账，让社员明白他们在合作社中享有的权利、义务和责任，做到心中有数。财务及管理工作的混乱还会造成国家财产、集体财产的流失。

财务及管理工作的弱化将不利于农民专业合作社的发展壮大，将给合作社的发展造成危害。我国农民专业合作社应该结合自身的现实情况，研究制定恰当适度的合作社财务及管理制度并严格有效地执行，切实加强财务及管理工作。

第八章　农村统计概述

第一节　概　念

农村社会经济统计，简称农村统计，是对农村这个有机的社会整体进行科学的调查研究，从而摸清我国农村经济和社会发展的实际情况，为党和政府制定农村经济政策，研究农村经济问题及编制整个国民经济和社会发展计划提供必要的数据。

按照现行的农村经济统计制度规定，农村社会经济统计的主要内容，包括以下几个方面。

（1）农村基本情况。乡村的组织个数、住户、人口和劳动力数。

（2）生产条件。农业用地面积、农业机械、化肥、农村用电、农田水利、农村固定资产。

（3）农村生产。农业、林业、牧业、渔业和工业的产品产量和商品量。

（4）农村产业结构和生产总规模。农村社会总产值、农业和农村工业、建筑业、交通运输业、商业产值、农业净产值、农业商品产值。

（5）农村经济收入分配和效益。农村经济总收入、各项费用、税金、提留和农民纯收入。

（6）农村住户情况。住房、收入和支出、出售产品、购进商品、实物消耗量、家庭成员受教育程度。

（7）农村社会发展情况。包括文化、卫生、教育、居住条件和社会福利等项。如乡卫生院机构、乡卫生员人数、通电乡数、农村中、小学校、农村教师、农村中、小学校学生人数，通公路乡及公路里程等指标。

第二节　农村统计的调查方法

在现阶段，我国农村社会经济统计工作经常采用的统计调查方法有全面统计、抽样调查、农业普查等。

一、全面调查

（1）最突出的是各级地方政府领导干扰统计数据，统计成了地方官员手中本位主义的有力工具。

（2）村级起报，就算没有地方领导干扰，面对大量分散的调查户与大片土地，也难以准确上报有关数据，这是客观现象。这一客观现象，也反助地方政府某些领导随心所欲，无所顾忌。也使得村级因利益驱使，存在多报或少报的现象。

（3）农村精壮劳动力外流现象普遍，特别是山区，造成在家的拿得起报表的人才已经不多，在搞报表的年龄偏高者又居多。

（4）村级报表，现在大都由村会计承担，而绝大部分村，村会计报酬微薄，工作积极性难以提高，并且文化水平普遍较低，个别村交通又不方便，这些综合因素都容易使统计数据产生水分。

（5）只注重大农业统计，并偏重产量。

二、抽样调查

（1）农村调查对象主要是大量农户，抽中调查对象推辞被调查的现象已成为一个难点，随意更换调查对象又影响到代表性与随机原则。

（2）经济越发展，农民越富裕，调查记账笔数则越多，由调查户自己填写数据，容易产生厌倦情绪，因此少登漏记现象较突出。

（3）在住户调查中，"外出人口"占较大比重，然而这部分人在外生活收支普遍不入账，只算带回现金部分，这样就影响到人均收入与支出水平。

（4）农产量抽样调查，现在开始着手面积抽样调查，但在单产调查中，聘请农村调查员进行田块实割实测调查，其环节多，技术难度对村调查员来说相对较高，农忙季节在无人监督机制下，容易造成漏割样本与弄虚作假现象。

三、农业普查

以户为单位进行汇总，必然与原来上报的全面调查数据有差距，当这种差距过大，难免存在人为修正普查汇总的现象，特别是耕地面积。

第三节　农业普查

一、农业普查的基本概念

农业普查是一项重大国情、国力调查。它是按照国家规定的统一方法、统一时间、统一表式和统一内容，主要采取普查人员直接到户、到单位访问登记的办法，全面收集农村、农业和农民有关情况，为研究制定农村经济社会发展规划和新农村建设政策提供依据，为农业生产经营者和社会公众提供统计信息服务。世界大多数国家都以十年或五年一个周期开展农业普查。农业普查在我国每十年进行一次。第一次全国农业普查现场登记工作在 1997 年进行，第二次全国农业普查现场登记工作从 2007 年 1 月 1 日开始。

二、普查的目的和意义

农业是国民经济的基础，解决好"三农"问题是全部工作的重中之重。农业普查作为重大的国情国力调查，主要是为了查清农业、农村和农民的发展变化情况，掌握我国农业生产、农田水利和农村基础设施建设、农村劳动力转移等方面的基本信息，为研究确定国民经济发展战略和规划，制定各项经济社会政策提供依据。搞好第二次农业普查，有利于进一步摸清农业资源状况，制定科学的粮食生产政策，确保国家粮食安全；有利于推动农业结构调整，加快农业科技创新和技术推广，提高农业综合生产能力，实现农业可持续发展；有利于落实科学发展观，统筹城乡发展，加速实现全面小康社会的宏伟目标。

三、农业普查的对象、范围和内容

（一）普查对象

农业普查对象是在中华人民共和国境内的下列个人和单位，包括：

（1）农村住户，包括农村农业生产经营户和其他住户；

（2）城镇农业生产经营户；

（3）农业生产经营单位；

（4）村民委员会；

（5）乡镇人民政府。

（二）普查范围

农业普查行业范围包括：农作物种植业、林业、畜牧业、渔业和农林牧渔服务业。

（三）普查内容

农业普查内容包括：农业生产条件、农业生产经营活动、农业土地利用、农村劳动力及就业、农村基础设施、农村社会服务、农民生活，以及乡镇、村民委员会和社区环境等情况。

第九章　村镇经济条件统计

村镇经济的发展需要一系列的条件，除阳光、空气、水分等自然条件外，劳动力、土地和资产构成了农村经济的最基本条件。

第一节　村镇人口和劳动力统计

我国人口按生活地域分为农村人口和城镇人口。

农村人口是农村生产力和消费力的统一体。它提供劳动力资源，创造各种物质财富；同时作为社会产品的最终消费者，要求满足自己日益增长的物质和文化生活的需求。

一、农村人口和户数统计

农村人口是指农村一定行政区划范围内的常住人口总数。包括外出的民工、工厂合同工及户口在家的在外学生，但不包括户口在家领取工资的国家职工。

总人口指标在统计上可分为两种，即常住人口和现有人口。

常住人口是指在常住地公安机关进行了户籍登记的人

口。因各种原因暂时外出，或常住外地，或已搬迁但尚未办妥户口迁出手续者，都应在统计时点上统计为常住人口。

现有人口是指在统计时点上居留在本地的全部人口。凡常住人口暂外出者不统计在现有人口内，因投亲访友、旅游和因公在本地居留者。不论其居住在何种场所，皆应计入现有人口之中。

农村户数指居住在乡村的常住户的总数，不论其职业如何，家庭户和集体户，均作为农村户来统计。

二、人口构成

（一）性别构成

将人口按性别分组，分别统计不同性别的人口数，并计算反映男、女性别构成的统计指标，性比重和性比例。

1. 性比重

为男性人口数或女性人口数在人口总数中各占的比重。

$$性比重 = \frac{男性（或女性）人口数}{人口总数} \times 100\%$$

2. 性比例

男性人口数与女性人口数之间的比例。通常以每100名女性人口相对应的男性人口数表示：

$$性比例 = \frac{男性人口数}{女性人口数} \times 100\%$$

性比例指标可分为普遍性比例和出生性比例。

（二）年龄构成

当前我国实际工作中，常见的几种年龄分组如下：

学龄前儿童组：　　0~6 岁

学龄儿童组：　　　7~15 岁

有劳动能力组：　　男 16~60 岁

　　　　　　　　　女 16~55 岁

被抚养人口组：　　0~15 岁

　　　　　　　　　男 60 岁以上

　　　　　　　　　女 55 岁以上

法定婚龄起点组：　男 22 岁以上

　　　　　　　　　女 20 岁以上

有生育能力组：　　女 20~49 岁

义务兵役组：　　　男 18~35 岁（征兵 18~22 岁）

有选举权组：　　　18 岁以上

三、农村人口变动统计

（一）人口变动原因

一是由于人口的出生和死亡而引起变动，称为人口自然变动；二是由于迁出、迁入而引起人口变动，称为机械变动（或称迁移变动）。

（二）出生人口数和出生率

出生的确切概念是活产。出生人口数是指一定时期内出生的活婴数之和。

出生率是反映一定时期内（一般为一年）出生人数与人口总数（一般为年平均人数）对比的相对数，千分数。

$$人口出生率（‰）= \frac{年内出生人数}{年平均人口数} \times 1000‰$$

（三）死亡人口数与死亡率

死亡人数是指一定时期内由于各种原因（疾病、人身事故等）而失去生命的人数之和（不包括死产）。为了比较和评价不同地点不同时间上的人口总体的死亡水平（死亡程度），需要计算人口死亡率指标。

死亡率是把某一年的死亡人数和该年的平均人数相比的相对数。

$$人口死亡率（‰）= \frac{年内死亡人数}{年平均人口数} \times 1000‰$$

（四）人口自然增长数与自然增长率

人口自然增长数，指一定时期内（一般为一年）出生人数减去死亡人数后的余数。为了反映和评价不同地区，不同时期人口自然增长的水平，需要计算人口自然增长率。

$$人口自然增长数 = \frac{年内人口自然增长数}{年平均人数} \times 1000‰$$

$$人口自然增长率 = 出生率 - 死亡率$$

（五）人口迁移统计

人口迁移指人口在国家或地区（市、乡）之间的移动。

人口迁移统计包括迁出人口数统计与迁入人口数统计等。

迁出人口数指一定时期内本地区迁到外地的人口；

迁入人口数指一定时期内外地区迁入本地的人口。

人口迁移差额是指一定时期迁入人口数减迁出人口数

之差额。

迁入率反映了该地区在一定时间内迁入人口的相对规模。

$$迁入率 = \frac{年迁入人口数}{年平均人数} \times 1000‰$$

迁出率反映了该地区在一定时间内迁出人口的相对规模。

$$迁出率 = \frac{年迁出人口数}{年平均人数} \times 1000‰$$

净迁移率是指某地区一定时间内人口迁移差额与该地区同一时期内平均人口数之比。

$$净迁移率 = \frac{年内迁入人口数 - 迁出人口数}{年平均人口} \times 1000‰$$

（六）人口增长数和增长率

人口增长数是反映在一定时间内人口增长变动的绝对量，又称净增人口数，其变动因素有人口的自然增长和人口的迁移增长。

$$净增人口数 = 人口的自然增长数 + 人口迁移差额$$

人口增长率说明在一定时期内（如五年、十年等）人口增长程度的相对指标，又称人口增长速度指标。

$$人口增长率 = \frac{一定时期净增人口数}{一定时期人口平均数} \times 100\%$$

要想了解某一年份的人口增长程度，需要计算年人口增长率。

$$年人口增长率 = \frac{年净增人口数}{年人口平均数} \times 1000‰$$

四、农村劳动力统计

（一）农村劳动力资源统计

农村劳动力资源数量：指在劳动年龄人口（男 16～60 岁、女 16～55 岁）总数中有劳动能力的人口数和虽不足或超过劳动年龄，而实际经常参加社会劳动并取得劳动报酬或经营收入的人口数，包括待业人员和其他劳动年龄内有劳动能力却未参加劳动的人口数。不包括现役军人、在押犯人和因病残而丧失劳动能力的人口数，也不包括户口在农村的领取国家工资的职工人数。

劳动年龄内的人口数：指农村劳动年龄（男 16～60 岁、女 16～55 岁）内的人口总数。包括在校学习的学生和丧失劳动能力的人口，但不包括军人、在押犯人、户口在农村但领取国家工资的职工。

劳动年龄内丧失劳动能力的人口数：指在劳动年龄内完全丧失劳动能力的人口。有残疾但能参加劳动的人不包括在内。

不足或超过劳动年龄而实际经常参加劳动的人口：指男女在 16 岁以下及男在 60 岁以上，女在 55 岁以上而实际经常参加社会劳动的人口数。

农村劳动力：是指农村人口中经常参加乡村集体（包括乡办企事业单位）和家庭副业生产劳动的整半劳动力。凡是由乡村分配劳动任务或承包乡村各种生产任务，并从乡村直接取得实物、现金收入和从承包的生产任务中获得实物、现金收入的劳动力，不管他从事何种劳动，都要统计为乡村劳动力。国家向乡村调用的民工；由集体经费支付工资或补贴的乡脱产管理干部；乡村分配到全民所有制单位和城镇集体所有制单位工作而收入交乡村，并从乡村取得实物、现金收入的合同工、临时工、亦工亦农人员；自行外出但户口没有转出的劳动力，都应包括在内。

（二）村镇劳动力数量统计

一定时点上的劳动力数量是指一定时点上劳动力的实际规模，是研究劳动力构成、变化和编制劳动力计划的基本指标，也是用来计算一定时期内平均劳动力数量和分析劳动力合理利用情况的重要依据。

一定时期内的平均劳动力数量是用来表明一定时期内的劳动力平均规模，研究劳动生产率水平的重要依据。这个指标的具体计算可采用由时点数列计算序时平均数的方法，在计算时，根据所掌握资料的连续性和间隔期是否相等区别对待。

（三）农村劳动力构成统计

1. **按性别分组**

分为男劳力和女劳力两组，分别计算男女劳动力在劳动力总数中所占的比重，说明劳动力性别构成的现状。

2. **按劳动力的强弱分组**

分为男整劳动力和半劳动力；女整劳动力和半劳动力。男女整半劳动力年龄界限的规定是：

男劳动力　16 ~ 60 岁

其中：整劳动力　18 ~ 50 岁

半劳动力　16 ~ 17 岁和 51 ~ 60 岁

女劳动力　16 ~ 55 岁

其中：整劳动力　18 ~ 45 岁

半劳动力　16 ~ 17 岁和 46 ~ 55 岁

3. 按从事劳动的生产部门分组

按组分为种植业、林业、牧业、副业、渔业、工业、建筑业、交通运输和邮电业、商业、饮食业、物资供销和仓储业、房地产管理、公用事业、居民服务和咨询服务业、卫生、体育和社会福利事业、教育、文化艺术和广播电视事业、科学研究和综合技术服务事业、金融保险业、乡（镇）经济组织（社务）管理及其他劳动力。

4. 按文化程度分组

分为文盲、小学、初中、农中、高中和大专程度等。也可以按其相应的学习年限分组。

（四）农村剩余劳动力统计

农村剩余劳动力的原因：①我国人多地少的国情；②后备劳动力逐年增长；③农业劳动生产率的不断提高。

1. 抽样推算法

先算抽中户劳动日总天数，然后计算各业劳动力占用天数，年终算出全年实际用工天数，最后用下面公式计算：

$$农村剩余劳动力 = \frac{劳动力数 \times 300 - 各业生产占用的劳动力天数}{300}$$

2. 算大账法

先算出某地劳动日总天数，然后算出各业生产经营活动所需的劳动日总天数进行推算。

$$农村剩余劳动力 = \frac{劳动力数 \times 300 - 各业生产需要的劳动力天数}{300}$$

注：公式中的 300 为 365 天减法定节假日之近似值。

第二节　村镇土地及利用统计

一、土地总面积的概念及其分类

广义上的土地是指由地球表面的陆地部分及以上和以下一定幅度的空间中自然物和人类活动结果所组成的自然经济综合体，包括陆、水、矿、植、阳光、雨露、空气等。

狭义上的土地是指地球表面的陆地和除海洋以外的水域。

土地面积指某一地区或某一个生产单位管辖范围内的全部面积。包括山地、丘陵、平原等陆地面积和河流、湖泊等水域面积。通常用平方千米表示，农业中用市亩表示。

1 平方千米（km^2）= 100 公顷（hm^2）；

1 公顷（hm^2）= 10000 平方米（km^2）= 15 亩。

（一）土地的自然形态分类

1. 陆地

按地形分为平原、盆地、丘陵地、高原、山地等。

按土质分为黑土、黄土、红土或沙土、黏土、盐碱土等。

2. 水面

可分为江、河、湖、池、港湾、水库、渠道等。

（二）土地按用途和开发利用情况分类

1. 已利用土地

可分为农业用地和非农业用地（工矿用地、城市用地、交通运输用地、疗养用地等）。

2. 未利用土地

可分为可利用土地（如可垦荒地、可养殖水面等）和不可利用土地。

（三）土地按占有和使用权限分类

1. 国家所有

城市的土地一般属于国家所有。

2. 集体所有

农村和市郊的土地，除法定用于国家所有的以外，均属集体所有。宅基地和承包土地、承包山地属集体所有。

（四）按使用者经济类型分

按照使用者经济类型来看，土地可分为：国营农业使用，农村合作经济统一使用，农民承包使用，农民自留地、自留山及其他使用。

（五）土地综合分类

目前我国试行的土地基本分类是根据土地的用途、经营特点、利用方式和覆盖特征等综合标志进行划分的。

具体分类如：①耕地；②园地；③林地；④牧草地；⑤居民点及工矿用地；⑥交通用地；⑦水域；⑧未利用的土地。

二、农业用地数量与构成统计

农业用地是指直接或间接用于农业生产及农业可以利用的土地资源，包括：耕地、园地、林地、苗圃、草地、养殖水面、可垦荒地以及其他农业用地（如农田水利建设、田间道路及其他生产性建设物占用的土地）。

农业生产用地是指农业用地中直接用于农产品生产的土地，即耕地、园地、林地、苗圃、牧草场、养殖面积等。

耕地面积指种植农作物的田地面积，包括熟地、新开荒地等。

根据耕地的水利条件，可分为水田和旱地，其中旱地又分为水浇地和无水浇条件的旱地；按土壤类型可分为黄土地、红土地、黑土地、盐碱地；按地势可分为山地、坡地、平地等。

耕地数量变动是指面积的增减，包括自然因素和人为因素。

利用结构变动指各种农作物所占用的耕地比重的增加或减少。

耕地质量变动是指有机质、灌溉情况、土地生产力等的变化。

三、土地利用情况分析指标

（1）土地利用。指土地资源在生产上、生活上的利用方式和利用状况的总称。包括土地的用途、采用耕作制度和土地保护、改良措施等。

（2）土地资源合理利用。指在一定的生产方式和科学技术水平下，使土地的用途与土地的自然、经济特性相适应，充分地参加生产循环，使土地利用获得最佳效果，并得到保护。

（3）土地利用包括两方面的内容。一是对土地面积的利用，即可以利用的土地都充分合理地利用起来；二是对土地实行集约经营，增加对土地的投资，实行精耕细作，增强土地的生产能力，提高土地生产率。

（一）土地开发程度指标

各种不同性质和用途的土地面积在土地总面积中所占的比重。

1. 国土利用系数

表明一个国家或地区土地资源开发利用程度，它是已利用土地面积与全部面积之比。

$$国土利用系数 = \frac{已利用土地面积之和}{土地总面积} \times 100\%$$

2. 农业用地开发指数

表明一个国家或地区农业用地占全部土地面积比重的指标。

$$农业用地开发指数 = \frac{农业用地面积}{全部土地面积} \times 100\%$$

3. 垦殖指数

为耕地面积占全部土地面积比重的指标。它表明一个国家或地区种植业的发展情况。

$$垦殖指数 = \frac{耕地面积}{全部土地面积} \times 100\%$$

4. 森林覆盖率

表明一个国家或地区森林资源丰富程度的指标。

$$森林覆盖率 = \frac{森林占有面积}{全部土地面积} \times 100\%$$

(二) 土地利用程度指标

土地利用程度指标反映了各类农业土地资源的利用程度,可计算各类农业生产用地占该类农业土地资源的比重。

$$农业土地资源利用率 = \frac{已开发农业用地面积}{农业土地资源面积} \times 100\%$$

$$草地利用率 = \frac{已开发草地面积}{草地资源面积} \times 100\%$$

$$可养殖水面利用率 = \frac{已开发养殖水面面积}{水面资源面积} \times 100\%$$

$$复种指数 = \frac{播种面积}{耕地面积} \times 100\%$$

$$草场载畜量 = \frac{牲畜总头数}{草场面积} \times 100\%$$

（三）土地集约经营程度指标

标志土地集约经营程度的是单位土地面积上投入的（或耗用的）生产资料和用工的数量。通常反映耕地集约经营程度的主要指标有：

$$机耕化程度指标 = \frac{机耕面积}{耕地面积} \times 100\%$$

$$每亩耕地化肥施用量 = \frac{总施化肥量}{耕地面积（亩）} \times 100\%$$

$$每亩耕地耗电度数 = \frac{农用总耗电量}{耕地面积（亩）}$$

$$每亩耕地固定资产总值 = \frac{固定资产净值（或原值）}{总耕地面积（亩）}$$

$$每亩耕地用工量 = \frac{耕地总用工量}{耕地面积（亩）}$$

$$每亩耕地农机动力拥有量 = \frac{农机动力总数}{总耕地数（亩）}$$

上述指标是以耕地为例反映耕地集约经营的程度。对其他农业用地集约经营的分析，可将有关指标作相应的改动。

（四）农业用地利用效果指标

说明土地利用效果主要有两类指标：一类是按产品实物量表示的有关农业生产用地的生产率指标，另一类是按价值形式表示的土地综合利用的效果指标。反映农业用地经济效果的指标有：

$$每亩农业用地农产品产量 = \frac{农产品总产量（千克）}{耕地面积（亩）}$$

$$每亩农业用地农业产值 = \frac{农产品总产值（万元）}{耕地面积（亩）}$$

$$每亩农业用地收入 = \frac{农产品总收入（万元）}{耕地面积（亩）}$$

第三节　村镇资产统计

一、流动资产统计

（一）流动资产数量和构成统计

1. 流动资产的概念和特点

流动资产是指在一年或超过一年的一个营业周期内变现或耗用的资产，它的特点是流动性大、周转期限短、不断改变实物形态，且其价值一次性消耗或转移或者实现。

2. 流动资产数量和构成

（1）数量指标主要有两种：一是时点指标，反映某一时点（如期末）全部流动资产总额；二是平均指标，反映某一时期流动资产平均余额，如流动资产月平均余额、年平均余额。

（2）流动资产。包括现金及存款、短期投资、应收及预付款项、存货等。

1）现金及存款。指生产经营活动中停留于货币形态的那部分资金，包括：库存现金、活期存款和其他相当于现金的即期或到期票据，如：现金支票、银行汇票、银行承兑汇票、银行本票等。

2）短期投资。指各种能够随时变现，持有时间不超过一年的有价证券以及不超过一年的其他投资。

3）应收及预付款项。指应收而未收的或预先支付的款项。农业企业的应收及预付款项，主要包括应收票据、应收账款、其他应收款、预付货款、待摊费用等。

4）存货。指生产经营过程中为销售或生产耗用而储存的各种资产。农业企业的存货，按其在生产中的不同用途，可分为：原材料、农业用材料、修理用材料和零件、燃料、润滑油、低值易耗品、在产品、幼畜和育肥畜、产成品和商品等九类。

流动资产构成是指每一项流动资产占流动资产总额的比重。如：

$$流动资产构成 = \frac{现金及存款}{总流动资产} \times 100\%$$

（二）流动资产利用统计

流动资产在生产过程中不断从一种形态转化为另一种形态，合理利用流动资产，加速流动资产周转，用较少资金办较多的事情。

指标主要有两类：一类为流动资产周转速度指标；另一类为流动资产占用水平指标。

1. **流动资产周转速度**

流动资产周转率是指一定时期内流动资产周转额与流动资产平均余额的比率。

$$流动资产周转率（次数） = \frac{主营业务收入}{平均流动资产总额} \times 100\% \quad (1)$$

$$流动资产周转率（天数）= \frac{流动资产平均余额 \times 计算期天数}{流动资产周转额} \quad (2)$$

第（1）式计算的结果是流动资产在一定时期内周转的次数；

第（2）式计算的结果是流动资产周转一次所需要的天数。

2. 流动资产占用水平

可用每百元产值所占用的流动资产表示，也可用每百元销售收入所占的流动资产表示。

$$每百元产值占用流动资产 = \frac{定额流动资金平均余额}{工业总产值} \times 100$$

式中，每百元产值占用的流动资产越少，说明流动资产利用效果越好。

$$每百元销售收入占用流动资产 = \frac{全年销售收入}{100}$$

式中反映了经营成果的流动资产占用水平。占用水平低，流动资产利用效果好，实现积累高。

3. 流动资产报酬率

指一定时期内净利润与流动资产平均占用额的比率，反映流动资产利用综合经济效益。

$$流动资产报酬率（元/百元）= \frac{净利润}{\frac{1}{2}（期初流动资产 + 期末流动资产）}$$

每百元流动资产创造的利润越多，说明流动资产利用效果越好，反之，则越差。

二、非流动资产统计

非流动资产包括长期投资、固定资产、无形资产、递延资产和其他资产。

长期投资是指不可能或者不准备在一年内变现的投资，包括股票投资、债券投资和其他投资。

固定资产是指使用期较长，单位价值较高，并在使用过程中保持原有实物形态的资产，包括房屋及建筑物、机器设备、运输设备、工具器具等。

无形资产是指企业长期使用不具有实物形态但具有价值和使用价值的资产，包括专利权、商标权、专有技术、土地使用权、商誉等。

递延资产是指不能全部计入当年损益，应当在以后年度内分期摊销的各种费用，包括开办费、购入固定资产的改良支出等。

其他资产是除以上各项以外的资产，包括特种储备物资、银行冻结存款、冻结物资、涉及诉讼中的财产等。本章着重介绍固定资产的统计。

（一）固定资产数量和构成统计

1. 农村固定资产的概念

农村固定资产是指农村生产经营单位所拥有的劳动资料，也就是农村生产经营单位固定资金的实物形态，如机械设备、牲畜、房屋及建筑物等。

固定资产的特点：①单位价值比较大；②使用的时间

比较长；③能多次使用，不改变其实物形态；④价值随着使用而逐渐磨损，以折旧的形式逐步转移到产品中去，通过产品价值的实现得到补偿；⑤最终失去生产效能后，才需要在物质形态上进行全部更新。

实际统计中规定：固定资产必须同时具备以下两个条件：①使用年限在规定时期以上；②单位价值在规定的限额以上，（乡镇企业规定为 200 元以上，时间为一年以上；集体所有制农业生产单位为 100 元以上，时间为两年以上）。不同时具备这两个条件的劳动资料，一般划为低值易耗品。

2. 农村固定资产数量统计

固定资产数量可分为实物量和价值量两种统计指标。

固定资产实物量按固定资产的实物形态和自然单位统计。可以表明同类固定资产的数量，如房屋多少平方米，拖拉机多少台/马力，牲畜多少头等。

固定资产价值指标包括固定资产原值和固定资产净值。

固定资产原值：指购买和建造各种固定资产时实际支付的金额及以后改建、扩建所追加的投资金额。

固定资产净值：是固定资产原值减去历年提取折旧费后的余额，表明固定资产的新旧程度。

3. 农村固定资产构成统计

（1）按所有制形式分组，分为全民所有制、集体所有制和个人所有制。

（2）按经济用途分组，分为生产用固定资产和非生产用固定资产。

生产用固定资产指参加农村生产过程和直接服务于农村生产的固定资产。

非生产用固定资产指与农村生产无直接关系,用于非生产活动的固定资产,如招待所、幼儿园、学校、俱乐部、医务室、浴室、理发室等使用的固定资产。

(3)按使用状况分组,分为使用中的、未使用的和不需用的三类。

使用中的固定资产是指正常发挥机能的固定资产,包括正在使用的、备用的、因季节原因或因修理暂时未使用的。

未使用的固定资产指尚未开始使用的新增固定资产,因生产的变更而未使用或正在改建、扩建中的固定资产。

不需用的固定资产是指不适合本单位生产需要,多余闲置或准备出售转让的固定资产。

4. 农村固定资产变动统计

固定资产在生产过程中由于磨损而逐渐转移到产品中的价值称为"折旧"。

衡量固定资产转移价值大小的指标是固定资产折旧额。

固定资产的损耗,包括有形损耗和无形损耗两种。有形损耗是指固定资产的价值,由于使用而磨损的部分;无形损耗是指由于科技进步,使新固定资产比旧的有更高的生产率和经济效益,而使旧设备提前报废的损耗。

固定资产折旧的计算方法有单项折旧、分类折旧和综合折旧三种。

单项折旧是按每件固定资产分别计算的折旧，又称个别折旧。

$$固定资产年折旧额 = \frac{固定资产原值 + 清理费用 - 预计残值}{预计使用年限}$$

$$固定资产年折旧率 = \frac{年折旧额}{固定资产原值} \times 100\%$$

综合折旧是现行企业提取折旧的主要方法，它是将企业的全部固定资产按照主管部门和财政部门规定的综合折旧率来计算折旧额的。

5. 农村固定资产利用统计

（1）每百元固定资产产值表明每百元固定资产所提供的产值。指标数值越大，说明固定资产利用得越好。

$$每百元固定资产产值 = \frac{总产值}{固定资产平均总值}$$

（2）每百元产值占用的固定资产表明每生产 100 元产值所需要的固定资产价值。指标数值越小，表明固定资产使用的越好。

$$每百元产值占用的固定资产 = \frac{平均固定资产总值}{总产值} \times 100\%$$

（二）农业机械设备数量及利用统计

1. 农业机械设备数量统计

农业机械设备拥有量指农业生产单位在统计调查时（一般为年末）实际拥有的农机具数量。

农业机械设备数量一般是计算某一时点上的数量和一

定时期内的平均数量。

下面以几种主要机械设备为例说明其计算方法。

(1) 拖拉机数量统计

1) 一定日期上的拖拉机台数。有混合台数和标准台数两种方法。

混合台数,也称自然台数,是将各种型号的拖拉机,不分型号和马力大小,按自然台数相加起来的数量。在实际工作中,也可按大中小型分别统计其混合台数。

统计拖拉机标准台数时,一般是先算出总的牵引马力数,然后用15去除。也可以先将每台拖拉机的牵引马力除以15,然后再相加。

2) 一定时期内拖拉机平均台数。可分为平均混合台数和平均标准台数。

平均混合台数是报告期内各种型号拖拉机每天台数之和除以报告期日历日数。

平均标准台数统计时首先分别计算各种型号拖拉机在报告期的平均混合台数,根据各种型号拖拉机平均混合台数计算牵引马力总数。然后再除以15。

(2) 其他农业机械设备数量统计

1) 联合收割机。可分为自走式和牵引式,按不同型号分别统计实物量。由于收割机只在收获季节使用,变动较小,所以,一般是统计一定日期上的混合台数。

2) 载重汽车。一定日期内的混合辆数要按照不同型号的载重汽车分别进行统计。

载重汽车总吨位 = （报告期各种型号载重汽车

平均辆数×各种汽车标定吨位）

$$载重汽车平均吨位 = \frac{载重汽车总吨位}{载重汽车数量}$$

3）其他农机具一般只统计一定日期上的数量。

2. 农业机械设备利用统计

（1）拖拉机利用情况的统计

1）拖拉机完好率是指拖拉机各部件性能良好，运转正常，油料、燃料消耗正常、可以随时出车投入生产。

$$拖拉机完好率 = \frac{完好拖拉机数量}{拖拉机总数量}$$

2）拖拉机出勤率。

$$某一天拖拉机出勤率 = \frac{某天拖拉机实际出勤的台数}{当天拖拉机在册台数} \times 100\%$$

3）拖拉机班次时间利用率。

$$拖拉机班次时间利用率 = \frac{在每班次中的纯作业时间}{每班次总时间的比值}$$

4）拖拉机作业量是指在报告期内完成各项作业的数量。不仅要反映拖拉机的单项作业量，而且还要反映拖拉机完成的总作业量。为了综合反映拖拉机在一定时期内所完成的总作业量，就需要把多种工作量折合成为一种标准作业量来计算。

5）拖拉机的工作效率是指在一定时间内平均每台拖拉机或每个作业班次所完成的作业量。

$$拖拉机平均作业量 = \frac{报告期内完成的总作业量（标准亩）}{报告期内拖拉机平均标准台数}$$

$$拖拉机班次生产率 = \frac{报告期内完成的总作业量（标准亩）}{报告期内拖拉机作业班次}$$

$$平均每标准台完成的工作量 = \frac{报告期内完成的总作业量（标准亩）}{报告期内拖拉机平均标准台数}$$

$$平均每马力完成工作量 = \frac{报告期完成的总作业量（标准亩）}{报告期内拖拉机平均马力数}$$

6）平均标准每亩耗油量。

$$拖拉机平均标准亩耗油量 = \frac{报告期内拖拉机总耗油量（千克）}{报告期拖拉机总作业量（标准亩）}$$

第四节　农业现代化统计

一、农业机械化水平统计

（一）农业机械使用的普遍程度

农机使用普遍程度是指使用农业机械的农业生产单位占全部生产单位的比重。

（二）农业动力资源机械化程度

是反映使用机械动力代替畜力的程度。

$$农业动力资源机械化程度 = \frac{农业机械动力总量（马力）}{农业动力资源总量（马力）}$$

农业机械动力总量，包括机械动力和电力两部分。需要将千瓦换算为机械马力，换算系数为：1 千瓦 = 1.36 马力。

农业动力资源总量包括机械动力总量和畜力。畜力计算要通过专门调查，制定各类役畜折合机械马力的系数，如骡、马和骆驼为 0.75 马力，牛为 0.5 马力等。

（三）农业机械和农业机械动力装备程度

农业机械装备程度：指单位生产规模上所拥有的农业

机械数量，表明单位生产规模上的物质技术装备水平。如种植业中，一般用单位耕地面积（百亩、万亩）拖拉机台数、排灌机械台数等表示。

农业机械动力装备程度：亦称为动力装备率。指每单位耕地面积或每个劳动力所拥有的机械动力数量。其计算方法是用机械动力总量与有关的生产规模或者劳动力数量相比。

（四）农业生产工作机械化程度

$$农业生产工作机械化程度 = \frac{使用农业机械完成的作业量}{全部作业量} \times 100\%$$

二、农业电气化统计

（一）农村电力规模及其普遍程度

农村办电规模指县、乡、村修建水电站、火电站的数量及其规模；农村办电普遍程度指已修建发电站的县乡村占县乡村总数的比重。

（二）农村用电量和用电普遍程度

农村用电量是一定时期内（一般为一年）农村生产和生活用电总量；农村用电普遍程度指已经通电，能正常用电的县、乡、村的比重。

（三）农业电力装备程度

主要指标有平均农户用电量和每亩耕地用电量两个，后一指标中，分子指标的用电量，必须是种植业生产用电。

（四）农业生产工作电气化程度

指某项农业作业使用电气设备完成的工作量占全部工

作量的比重。

$$某项农业作业电气化程度 = \frac{某项作业使用电气设备完成的工作量}{该项作业全部工作量} \times 100\%$$

三、农田水利化统计

（一）灌溉设备（见表9-1）

表9-1　灌溉设备统计

灌溉设备分类	自流引水工程	水库工程	机电提水工程
计量单位	灌溉面积/处或径流面积/处	灌溉面积/座或容积/座	灌溉面积/处或每小时提水量/处
灌溉设备数量	—	—	—

（二）排水工程（见表9-2）

表9-2　排水工程统计

排水工程分类	内涝排除工程	堤防工程
计量单位	米/条	米/条
排水工程数量	—	—

（三）有效灌溉面积

有水源，工程设备配套，一般年景下能够灌溉的耕地面积。有效灌溉面积，包括水田和水浇地。

（四）旱涝保收高产稳产田

指有效灌溉面积中，设施齐全，抗灾能力较强，遇较大旱涝灾害，单位面积产量达到规定要求的耕地面积。

（五）农田水利化程度

$$农田水利化程度 = \frac{有效灌溉面积}{总耕地面积} \times 100\%$$

$$旱地水利化强度 = \frac{水浇地面积}{旱地总面积} \times 100\%$$

$$平均每个农业人口的有效灌溉面积 = \frac{有效灌溉面积}{农业人口总数}$$

$$平均每个农业人口的旱涝保收面积 = \frac{旱涝保收面积}{农业人口总数}$$

四、农业化学化统计

农业化学化是指在生产中使用化肥、农药、除草剂、塑料薄膜、生长激素等化工产品，促进和保护动植物生长，以达到增产的目的。农业化学化统计，包括以下几个方面。

（1）农用化肥使用量。指年度内实际用于农业生产的化肥数量，农用化肥主要包括氮肥、磷肥、钾肥以及复合肥，其施用量一般是按实物量和折纯量两个口径计算。

（2）平均每亩耕地（或播种面积）化肥施用量。

（3）农用塑料薄膜使用量。指在生产过程中为育苗和作物生长防寒、保温、保湿使用的各种塑料薄膜。包括棚膜和地膜。

（4）农药使用量，指用于防治农林业生产过程中病虫害的化学药物数量。包括：杀虫剂、杀菌剂、除草剂、杀螨剂及其他化学农药，不包括土农药和各种兽药、禽药。农药使用量按实物量计算。

第十章 农业生产统计

广义农业包括农、林、牧、渔各业，狭义农业专指种植业。本章将从广义农业的角度讨论农业生产统计的有关问题。

农业生产的根本特点是劳动对象是有生命的动植物，自然再生产和社会再生产相一致。

在生产方面的表现是：季节性、地域性、周期长、依赖性、综合性。

在经济方面的表现是：单位多、分布广、形式多、管理差。

表 10－1　农业经济统计

植物栽培业	农业（种植业）	农作物、果茶桑、淡水植物栽培
	林业	人工营造林、天然林栽培
动物饲养业	畜牧业	陆生动物饲养业
	渔业	水生动物饲养、海洋植物养殖捕捞

第一节 种植业生产统计

一、种植业的概念和分类

（一）种植业的概念

种植业是指栽培农作物和果茶桑，以取得其产品的生产部门，即狭义的农业，种植业，包括粮食作物、经济作物、饲料作物、绿肥作物、园艺作物及果茶桑的生产。种植业生产是以土地作为基本生产资料，利用农作物及果茶桑自身的生活机能，摄取、蓄积和转化太阳能，以取得人类所需要的农作物及果茶桑产品。

农作物是指人工栽培的草本植物，是相对于野生植物和木本植物而言的。在日常习惯上，农作物仅指大田栽培的作物，即我国俗称的"庄稼"，但种植业中的农作物，还包括园艺作物。

（二）农作物的分类

1. 按产品主要经济用途分类

按经济用途分为粮食作物、经济作物和其他作物三大类。

（1）粮食作物。食用作物，用作口粮。包括稻谷、小麦、杂粮、薯类、大豆等。

（2）经济作物。技术作物，工业原料。包括棉花、油料、糖料、烟叶、药材等。

（3）其他作物。粮经作物以外作物的统称。包括蔬菜、瓜类、饲料、绿肥等。

2. 按作物播种季节分类

分为春夏播作物、夏秋播作物和秋冬播作物三大类。

（1）春夏播作物。指春季和春夏之交播种的作物，如春荞、早稻等。

（2）夏秋播作物。指夏季和夏秋之交插秧的作物，如晚稻、大豆、棉花等。

（3）秋冬播作物。指冬季和秋冬之交播种的作物，如油菜、小麦、蚕豆等。

3. 按作物收获季节分类

分为夏收作物和秋收作物两大类。

（1）夏收作物。是上年秋冬播种当年夏季收获的作物；主要是小麦、大麦、蚕豆、豌豆、油菜、草籽等。

（2）秋收作物。是当年春夏和夏秋播种当年秋季收获的作物，主要是稻谷、玉米、棉花、烟叶、芝麻等。

4. 现行统计制度中的农作物分类（见表10－2）

表10－2中有关作物项目包括的范围说明如下：

（1）粮食作物中的薯类，只包括甘薯和马铃薯，不包括芋头和木薯。

（2）"大豆"，包括黄豆、黑豆，绿豆、饭豆、小豆、扁豆等列入"其他杂粮"。

（3）"棉花"，不包括木棉。

表 10 - 2　农作物分类目录

粮食作物	经济作物	其他作物
（一）夏收粮食作物	（一）棉花	（一）蔬菜
1. 小麦	（二）油料作物	（二）瓜类（果用瓜）
2. 杂粮	1. 花生	（三）饲料
（1）大麦	2. 油菜	（四）绿肥
（2）蚕豆、豌豆	3. 芝麻	（五）其他
（3）其他杂粮	4. 胡麻子	
3. 薯类	5. 向日葵籽	
（1）甘薯	6. 其他油料	
（2）马铃薯	（三）糖料作物	
（二）秋收粮食作物	1. 甘蔗	
1. 稻谷	2. 甜菜	
（1）早稻	（四）烟叶	
（2）中稻	（五）麻类	
（3）一季晚稻	1. 黄红麻	
（4）双季晚稻	2. 芝麻	
2. 杂粮	3. 线麻（大麻）	
（1）玉米	4. 亚麻	
（2）谷子	5. 其他商品类	
（3）高粱	（六）药材	
（4）其他杂粮	（七）其他经济作物	
3. 薯类		
（1）甘薯		
（2）马铃薯		
4. 大豆		

（4）"其他油料"，指线麻籽、苏子等，不包括木本油料。

（5）"甘蔗"，包括糖蔗和果蔗。

（6）"甜菜"，不管块根作何用途，都要计算在内。

（7）线麻，有收麻皮的，也有收麻籽的。统计时应视其种植的主要目的而定。以收麻皮为主的，作为"线麻"统计；以收麻籽为主的，作为"其他油料"统计。

（8）"药材"，指人工栽培的药材，不包括野生药材。

（9）"其他经济作物"，包括香料（如薄荷）、染料（如薯茛）、除虫菊、席草、木薯等。

（10）"蔬菜"，包括菜用瓜、茭白、芋头、生姜等。

（11）"瓜类"，是指果用瓜，包括西瓜、甜瓜、白兰瓜、哈密瓜等。

（12）"饲料"，是指人工栽培的主要用于喂养牲畜的作物（如苜蓿）。以取得青饲料为目的而种植的粮食作物，亦应作为"饲料"统计，但收获粮食产品后作为饲料的，仍应列入粮食作物有关类别。

（13）"绿肥"，是指以本身的新鲜茎叶体为肥料的作物（如红花草、蓝花草）。当做绿肥种植的豆类、油菜等也应列入"绿肥"之中。

（14）大中城市（50万人口以上和省会所在的城市）郊区（指市辖区，不包括市辖县）的蔬菜乡、村，专门种植作为蔬菜青吃的毛豆、蚕豆、豌豆、马铃薯等，应作为"蔬菜"统计；其他地区则一律作为粮食作物统计。

二、农作物面积统计

（一）农作物播种面积

农作物播种面积指实际播种或移栽有农作物的土地面

积，通常用市亩或公顷表示。①反映农业生产规模；②耕地的利用情况；③各项作业劳动量；④生产资料投入量；⑤总产量。

农作物季节播种面积统计是在每个播种季节结束以后，按各类作物实有面积计算。①不论面积大小；②不论是种植在耕地上还是非耕地上；③也不论计划内外、合同内外；④经济类型，均应如实统计。

以上是一般情况下农作物面积统计的方法，特殊情况时，要按下列规定计算播种面积：

1. 补种、改种的面积

播种季节结束之后补种或改种，原种植面积仍计算播种面积，新补种或改种作物按复种作物计算播种面积。

2. 作物秧苗生长不齐（不全）时的面积

作物秧苗疏落不齐或缺苗断垄，不论是否补植（补苗），均按全部面积计算播种面积。

3. 移植作物的面积

需要移植的作物，如水稻、甘薯、烟叶等，应按移植后的面积计算播种面积，原秧畦（秧田）不应计算为播种面积。

4. 非耕地上种植作物的面积

在非耕地上种植或间种作物，要按实际情况计算播种面积。在园地、林地的空隙地上间种的作物，播种面积可按用种量折算或估算。

5. 间种、混种作物的面积

指在同一块地上，同时种植两种或两种以上的作物。同一亩耕地间种、混种不同作物，各作物播种面积之和只算一亩，要根据所占面积的比例分别计入各该作物播种面积内。

6. 复种、套种作物的面积

复种是指在同一年内，在同一耕地上，先后种植两次或两次以上作物。套种是指在同一块地上，第一种作物收获之前种植第二种作物。复种或套种作物应各算一次播种面积。

7. 多年生作物的面积

指播种一次连续多年生长、多次收获的宿根性草本植物，如苎麻、大黄、元参、苜蓿等。两种计算方法：按实际播种时间计算全年总播种面积时，只计当年各季新植面积之和；按收获产品时间计算全年总播种面积时，等于当年新植面积，加上留存在当年成活面积之和。

8. 再生作物的面积

指作物收割后，从根茎上再度萌发生长的作物，如再生稻、再生烟、再生高粱。再生作物即使有产品收获也不另算播种面积。

9. 蔬菜作物的面积

专业性菜园或固定菜地上种植的蔬菜面积单独统计。单种或套种的蔬菜，按实际播种面积计算；韭菜等多年生蔬菜，年计算一次播种面积；间种或混种的蔬菜，按占地比例分摊或按用种量折算。蔬菜和大田作物套种或轮种，播种面积分别计算。

10. 全年总播种面积的统计

（1）全年实际播种的总播种面积。是按实际播种时间计算的全年总播种面积，凡在本日历年度内实际播种的农作物的播种面积都包括在内。

全年实际播种的总播种面积 = 当年春夏播种面积

+ 当年夏秋播种面积 + 当年秋冬播种面积

（2）全年收获产品的总播种面积。是按收获产品时间计算的全年总播种面积，凡在本日历年度内收获产品的农作物的播种面积都包括在内。

全年收获产品的总播种面积 = 上年秋冬播种面积

+ 当年春夏播种面积 + 当年夏秋播种面积

全年收获产品的总播种面积，在时间范围内与全年总产量一致，为计算单位面积产量创造了条件。统计规定，在上报播种面积和计算单位面积产量时，全年播种面积要按收获产品时间计算。

（二）农作物收获面积

农作物收获面积是指在播种面积中实际收获产品的面积，也用市亩或公顷表示。收获面积的计算一般是每收获一次，就计算一次收获面积；但对再生作物，只计算一次收获面积；对分期分批收获产品的同季作物（如甘蔗），亦不能重复计算收获面积。

全年总收获面积就是指本日历年度内各个季节农作物收获面积之和。

全年总收获面积 = 全年收获产品的总播种面积

－失收面积

失收面积包括:

(1) 受灾减产九成以上的面积;

(2) 因基本建设或其他人为原因毁掉的面积;

(3) 当年未收获产品的多年生作物的播种面积。

三、农作物产量统计

(一) 农作物总产量

指实际收获的农作物产品总量,通常用市斤(500克)、公斤(千克)或吨表示。总产量是衡量农作物生产成果的主要指标,也是编制和检查计划、安排人民生活的重要依据。

农作物总产量统计原则:第一,农作物总产量是指全部的总产量。不论产量多少、计划内外、合同内外及经济类型,也不论是商品量还是自用量,都要统计在内。第二,农作物总产量只能是某种或某类作物的总产量。必须按产品的经济用途和《农作物分类目录》进行分类统计。第三,农作物总产量一般是晒干、扬净、入库的实际总产量。只能收获新鲜产品的作物(如蔬菜),则按新鲜产品计算产量,未入库的产量(如尝新、卖嫩的产量),要加以粗略计算。

农作物总产量指标包括：

（1）季节总产量。是每个收获季节所取得的某种或某类农作物总产量。

（2）全年总产量。是年内某种或某类农作物各个季节总产量之和。

（二）农作物单位面积产量

农作物单位面积产量，简称单产，指每一单位面积上收获的农作物产品数量，通常用市斤/亩或公斤（千克）/公顷表示，前者又称亩产。单产是衡量农作物生产效益最有代表性的指标，能够综合反映耕作技术水平、田间管理质量及耕地利用效果。

农作物单产指标：

（1）按播种面积计算的单产。为农作物总产量与相应的农作物播种面积之比。

$$播种面积单产 = \frac{农作物总产量}{农作物播种面积}$$

（2）按收获面积计算的单产。是农作物总产量与相应的农作物收获面积之比。

$$收获面积单产 = \frac{农作物总产量}{农作物收获面积}$$

（3）按粮食作物占用耕地面积计算的单产。粮食耕地每亩平均年产量，简称粮食耕地亩产。指全年粮食作物占用的耕地面积上平均每亩所生产的粮食产量。

$$粮食耕地每亩平均年产量 = \frac{全年粮食总产量}{粮食占用耕地面积}$$

式中，粮食占用耕地面积的计算方法分为直接计算法和间接计算法两种。

1）直接计算法。根据当年粮食作物种植情况，由基层生产单位逐块核实，逐级上报、层层汇总来确定粮食占用耕地面积。

2）间接计算法。利用统计报表资料，由综合统计部门根据经过调整的耕地复种指数，反推出粮食占用耕地面积。

四、果茶桑生产统计

果树、茶树、桑树在植物学上属于木本植物，但其生产集约化程度很高，现行统计制度规定，果、茶、桑生产属于种植业生产。

（一）果园面积和水果产量

（1）果园面积。是指成片种植果树的土地面积。按调查时实有面积计算，包括原有的、垦复的和当年新植定株的面积；不包括苗圃面积；零星果树不计算面积。

（2）水果产量。是指从果树上采摘的全部水果产量。不论自食还是出售，一律统计在内。水果产量按鲜果重量计算，已加工成干果的，如葡萄干、柿饼、橘饼、干枣等必须折算成鲜果产量。

（二）茶园面积和茶叶产量

（1）茶园面积。是指成片种植茶树的土地面积。按调查时实有面积计算，包括原有的、垦复的和当年新植定株的面积。不包括苗圃面积；零星茶树也不计算面积。

（2）茶叶产量。指从茶树上采摘的全部茶叶产量。包括从茶园和零星茶树上以及荒芜未垦复的茶树上所采摘的茶叶。茶叶产量按干毛茶重量计算。

（三）桑园面积和桑叶产量

（1）桑园面积。指成片种植桑树的土地面积。按调查时实有的面积计算，包括原有的、垦复的和当年新植定株的面积，也包括以桑造林、水土保持桑林面积和以收桑为主的桑林面积。零星桑树不计算面积。

（2）桑叶产量。指从桑树上采摘的全部桑叶产量。由于桑叶采收量大、采收次数频繁，不便于直接统计产量，可根据单位鲜茧产量耗用桑叶量和桑蚕茧总产量进行推算。

第二节　林业生产统计

一、林业的范围和分类

（一）林业的范围

林业是从事林木栽培和林产品生产的生产部门。包括林木的栽培、保护和林产品的采集，以及对成熟林木的采伐和利用。统计制度中的林业，主要指林木的栽培和林产品的采集；也包括村及村以下的竹木采伐。

（二）林业的分类

森林资源总面积包括天然森林面积和人工经营森林面

积。具体分类如下：

（1）按经济类型分类。国营造林、合作造林、集体造林和个人造林。

（2）按主要经济用途分。用材林、经济林、防护林、薪炭林和其他林。

（3）按造林方式分类。人工造林和飞机播种造林。

（4）按树龄分类。幼林和成林。

二、林业再生产统计

林业再生产是指林业生产循环的过程。一个林业再生产周期，要经过采种育苗、植树造林、林木抚育、森林采伐等生产环节。

（一）采种育苗

1. 采种量

指为植树造林所采集或收购的种子数量。食用和工业原料用的林木果实，不应计入采种量。

2. 育苗面积

指为了造林或林木更新培育苗木而占用的苗圃面积。包括当年新育面积、移植面积和留床面积。

（二）植树造林

1. 造林面积

指在荒山、荒地、沙丘等一切可以造林的土地上，采用人工播种、人工植苗、飞机播种等方法新植的成片乔木林和灌木林，经验收符合"造林技术规程"要求的株数，成活率在 85% 及以上的面积。四旁（村旁、宅旁、水旁、路旁）植树如一侧在四行以上，连续面积在一亩以上，应统计在造林面积内。

$$造林成活率 = \frac{成活树木株数}{种植树木株树} \times 100\%$$

2. 零星植树株数

是指四旁植树、不符合造林面积统计标准的林木及耕地上的零星植树株数。零星植树按报告期末实际成活株数计算。

3. 迹地更新面积

经采伐或遭受火灾后达不到疏林标准的林地，称为迹地。迹地更新面积，是指在采伐迹地、火烧迹地或林中空地上进行人工更新或人工促进天然更新而恢复的森林面积。

人工更新面积是指迹地上靠人工播种、植苗等方法造林，成活率在 85% 及其以上的面积。

人工促进天然更新面积是指在留有母树林的采伐迹地上，依靠天然下种，辅以人工措施促进种子传播、发芽、生长从而更新的林地面积。

$$迹地更新率 = \frac{当年迹地更新面积}{上年采伐面积} \times 100\%$$

4. 低产林改造面积

指对树种不符合经营要求，林分质量差，生长慢、产量低，无培育前途或遭受严重自然灾害的人工林和次生林进行改造的面积。包括部分或全部清除原有乔木和灌木，引进目的树种进行新造、补播、补植的面积。

（三）林木抚育

1. 幼林抚育面积

幼林抚育，是为了促进幼林生长，进行的中耕、除草、灌溉、防寒等抚育工作。幼林抚育面积有实际抚育面积和抚育作业面积之分。

（1）实际抚育面积。指实际进行抚育的幼林地面积。报告期内不论重复作业几次，都只按实际林地面积计算一次。

（2）抚育作业面积。指实际抚育面积与抚育次数乘积之和，用亩次表示。

2. 成林抚育面积

指为调整林木相互关系，提高林木质量，促进林木生长，对成林进行间伐、修枝、松土等抚育工作的面积。按被抚育林木的实际面积计算，同一林地不论抚育几次，均只计算一次面积。

（四）森林采伐

（1）森林采伐面积。是指实际采伐的森林面积。

（2）竹木采伐量。指实际采伐的竹木数量。统计制度规定，只有村及村以下的竹木采伐量才作林业成果统计。

三、林业产量统计

（一）林业总产量

1. 人造林木生长量

指人工营造林木随着树高和树围的增长而增加的材积量。可以通过专门调查直接测算，我国目前在计算农村社会总产值时才间接估算。

2. 林产品产量

指从人工栽培的林木上，不经砍伐竹木而取得的各种产品数量。包括各种林木的籽实、叶片、枝条、皮层、树液等，按实际采收量计算。

3. 竹木采伐量

指村及村以下各种经营方式采伐的竹木产量。不论是自用量还是商品量，均包括在内。

（二）林业产品率

1. 单位林地面积产量

指每单位林地面积生产的某种林产品产量。

$$单位林地面积产量 = \frac{某种林产品总产量}{林地面积}$$

2. 单株产量

指某种经济林平均每株生产的某种林产品产量。

$$单株产量 = \frac{某种林产品总产量}{林木株树}$$

第三节　畜牧业生产统计

一、畜牧业的范围和分类

畜牧业是指从事陆生动物饲养以取得畜产品和提供役用牲畜的生产部门（水生动物以外的一切动物，包括地上跑、空中飞和土里藏的动物。畜牧业生产统计见表 10 - 3）。

表 10 - 3　畜牧业生产统计

养畜业	大家畜	牛、马、驴、骡、骆驼
	小家畜	猪、羊（绵、山）
养禽业		鸡、鸭、鹅
其他动物饲养业		兔、蚕、蜂、皮毛兽、宠物

进一步的分类如下：

（一）按牲畜性别、年龄分类

（1）按性别分类。牲畜可以分为公畜、母畜和去势畜。

（2）按年龄分类。牲畜可以分为仔畜、幼畜和成年畜。

（3）将性别年龄结合起来分类。可将畜群分为种公畜、能繁殖母畜（基本母畜）、后备幼畜、当年生仔畜及育肥畜等。

（二）按牲畜的主要经济用途分类

（1）役畜。是以使役为主要用途的牲畜。主要包括役用的牛、马、驴、骡、骆驼等大牲畜。

（2）畜产品。是以生产畜产品为主要用途的牲畜。包括猪、羊及生产畜产品为主的牛等。畜产品还可以按生产方向进一步分类，如：

猪群可分为繁殖猪群、育肥猪群。

羊群可分为产毛羊群、产肉羊群和毛肉兼产羊群。

牛群可分为乳用牛群、肉用牛群和乳肉兼用牛群。

二、牲畜头数统计

牲畜头数。反映畜牧业生产规模和生产成果的基本指标。

牲畜头数统计范围。包括农村与城市的全部牲畜头数。不论性别、大小、品种、用途，一律包括在内。但是不包括以下三类：①科研用牲畜；②军马；③商业库存或运输中的活牲畜。

牲畜头数常用的指标：

（1）存栏头数。指调查时点上实际存在的牲畜头数。常用年末或年中头数，也可统计月末、季末或某一时点上的头数。

（2）平均头数。是指报告期平均每天牲畜的存栏头数。

$$牲畜平均头数 = \frac{报告期每天存栏头数之和}{报告期日历天数}$$

（3）饲养头数。是指报告期内曾经饲养过的牲畜头数。

$$牲畜饲养头数 = 期初存栏头数 + 期内增加头数$$

$$= 期末存栏头数 + 期内减少头数$$

（4）出栏头数。是指报告期内出售、屠宰的全部成年牲畜头数。从头数角度说明畜牧业生产成果，也反映牲畜出栏规模。出栏头数一般只就肉用牲畜计算，我国主要是计算肉猪出栏头数。

（5）标准头数。是以某种成年牲畜为标准，将各种牲畜的自然头数按一定折合系数折算为标准牲畜以后的头数。它是计算饲料需要量、研究草原载畜量的依据。

$$牲畜标准头数 = \sum（各种牲畜自然头数 \times 折合系数）$$

我国牧区多以成年绵羊作为标准牲畜，选择饲料消耗量作为标志变量来计算折合系数。如牛为5，马为6，骆驼为8等。

三、畜群再生产统计

畜群再生产过程有两种形式：

第一，由于繁殖、购入、出售、屠宰、死亡等原因，导致牲畜总头数发生变动；

第二，由于牲畜由低年龄组转向高年龄组、由一种用途转为另一种用途，导致牲畜头数结构发生变动。

常用畜群再生统计详见表10－4。

表10－4　常用畜群周转表

组　别	年初头数	年内增加				年内减少					年末头数
		合计	产仔	购入	转入	合计	出售屠宰	死亡	淘汰	转出	
种公猪	8	—		—		—	—	1	—		7
基本母猪	96	18		—		1	—		15		100
后备公猪	6	46		3	15	14	—	1	—		4

续表

组　别	年初头数	年内增加				年内减少					年末头数
		合计	产仔	购入	转入	合计	出售屠宰	死亡	淘汰	转出	
后备母猪	66	405		—	46	48	48	—	8		175
育肥猪	—	38		40	365	296	233	2	—	53	—
3～4 月幼猪	536	1729		—	38	38	38	75	25	411	125
1～2 月仔猫	111	1919	1919	6	1723	2140	1629	191	51	1723	65
合　计	823	4155	1919	49	2187	4502	1948	269	98	2187	476

（一）牲畜繁殖情况

（1）能繁殖母畜的比重。指已到生育年龄，并且具有生育能力的母畜头数与畜群总头数之比。

$$能繁殖母畜的比重 = \frac{年内能繁殖母畜头数}{年内畜群总头数} \times 100\%$$

（2）种公畜的保证程度。以每头种公畜所负担的能繁殖母畜头数表示。

$$种公畜的保证程度 = \frac{年内能繁殖母畜头数}{年内种公畜头数} \times 100\%$$

（3）繁殖成活率。是当年出生成活的仔畜头数与能繁殖母畜头数之比。

$$繁殖成活率 = \frac{年内出生成活的仔畜头数}{年内能繁殖母畜头数} \times 100\%$$

繁殖成活率 = 母畜繁殖率×仔畜成活率 = 母畜配种率
×受胎率×正产率×产仔率×仔畜成活率

（二）牲畜增长情况

（1）牲畜出栏率。为年内牲畜出栏头数与年初牲畜存栏头数之比。

$$牲畜出栏率 = \frac{年内牲畜出栏头数}{年初牲畜存栏头数} \times 100\%$$

（2）牲畜殁失率。为年内死亡和丢失牲畜头数与年平均牲畜头数之比。

$$牲畜殁失率 = \frac{年内死亡和丢失牲畜头数}{年平均牲畜头数} \times 100\%$$

（3）牲畜总增率。一定时期繁殖头数减死亡头数表示牲畜总增头数。

$$牲畜总增率 = \frac{年内牲畜总增头数}{年初牲畜存栏头数} \times 100\%$$

（4）牲畜净增率。一定时期期未存栏头数与期初存栏头数之差，就是牲畜净增头数。

$$牲畜净增率 = \frac{全年牲畜净增头数}{年初牲畜存栏头数} \times 100\%$$

四、畜牧业产量统计

（一）畜禽总产量

1. 畜禽体重、产量

是指畜禽繁殖的仔畜和增长、增重的体重。

（1）饲养牲畜活体重。指某种牲畜通过仔畜繁殖、幼畜成长和成年畜育肥而增长的活体重之和。全年饲养牲畜活体重，可以首先根据畜群周转表中有关头数资料和平均每头牲畜活体重推算出各组牲畜活体重，然后根据下列方法计算。

1）收入法。

$$饲养牲畜活体重 = 繁殖仔畜体重 - 殁失牲畜体重$$
$$+（转入牲畜体重 - 转出牲畜体重）$$

2）支出法。

$$饲养牲畜活体重 = 年末牲畜体重 - 年初牲畜体重$$
$$+ 出售牲畜体重 + 屠宰牲畜体重 - 购入牲畜体重$$

（2）出栏牲畜活体重。指已经出栏的某种肉用牲畜活体重之和。主要计算肉用牛、猪、羊的出栏活体重。①直接计算；②出栏头数乘以平均每头出栏牲畜活体重来推算。

出栏牲畜活体重与饲养牲畜活体重的计算范围不同，指标含义也不同。前者可能包括上年饲养增长的体重，而后者则完全是当年饲养增长的体重。

（3）出栏牲畜胴体重。指已经出栏并经屠宰，去掉头蹄、毛皮和内脏以后的某种肉用牲畜的肉产量。主要计算肉用牛、猪、羊的出栏胴体重。①直接计算；②出栏头数乘平均每头出栏牲畜胴体重推算。

（4）家禽体重总产量。指某种家禽繁殖、增长、增重的体重之和。全年家禽体重总产量可按下式计算：

$$家禽体重总产量 =（年末家禽只数 - 年初家禽只数$$
$$+ 年内出售屠宰家禽只数）× 平均每只家禽体重$$

2. 畜禽再生产原始产品产量

指从活的畜禽身上所取的各种产品产量。

（1）奶类产品产量。分别统计牛、马、羊等乳畜的奶产量。凡从乳畜身上挤出的奶产品，不论用途如何，均应计算，仔畜吮吸的乳汁不予计算。奶产量可据产奶记录直接计算；根据牲畜头数和挤奶率推算。

（2）毛类产品产量。包括绵羊毛、山羊毛、山羊绒、驼绒以及马尾、马鬃等。不但要按品种分别统计，而且要按品级分别统计。毛产量可按产毛原始记录直接计算，或按牲畜头数和剪毛率推算。

（3）蛋类产品产量。分别按鸡蛋、鸭蛋、鹅蛋等禽蛋统计。

专业饲养单位根据产蛋原始记录直接计算；农民家庭零星养禽的蛋产量，根据农村住户调查的有关资料推算，也可根据商业部门的收购量、农贸市场的销售量及农民家庭的自用量匡算。

（二）畜禽产品率

畜禽产品率，简称畜产率，指平均每头（只）畜禽生产某种畜禽产品的数量。是反映畜牧业经济效益水平的基本指标。

$$畜禽产品率 = \frac{某种畜禽产品总量}{畜禽头（只）数}$$

（1）按生产产品畜禽头（只）数计算的畜产率，为某种畜禽产品总量与生产产品的该种畜禽头（只）数之比。如产奶乳牛挤奶率、剪毛绵羊剪毛率等。

$$生产产品畜禽的畜产率 = \frac{某种畜禽产品总量}{全部饲养的畜禽头（只）数}$$

（2）按全部饲养畜禽头（只）数计算的畜产率，为某种畜禽产品总量与全部饲养的该种畜禽头（只）数之比。

如饲养乳牛挤奶率、饲养绵羊剪毛率等。

$$全部饲养畜禽的畜产率 = \frac{生产产品畜禽头（只）数}{全部饲养的畜禽头（只）数}$$

两者之间的关系如下：

全部饲养畜禽的畜产率 = 生产产品畜禽的畜产率

$$\times \frac{生产产品畜禽头（只）数}{全部饲养的畜禽头（只）数}$$

（三）其他动物饲养业产量

1. 养蚕业产量

养蚕业包括桑蚕、柞蚕、蓖麻蚕、木薯蚕等的饲养。养蚕业的规模以全年饲养蚕种张数表示，产品产量指标有全年蚕茧总产量和平均每张蚕种收茧量。各种蚕茧产量，桑蚕茧、柞蚕茧按鲜茧重量计算；蓖麻蚕茧、木薯蚕茧按茧壳重量计算。

2. 养蜂业产量

养蜂业的主要产品是蜂蜜和蜂蜡。养蜂业的生产规模以养蜂箱数表示，产品产量指标有全年蜂蜜（蜂蜡）总产量和平均每箱蜂的产蜜（蜡）量。

3. 养貂业产量

貂是一种珍贵毛皮兽，其产品产量指标有全年貂毛产量和貂皮产量。

第四节　渔业生产统计

一、渔业的范围和分类

渔业是养殖和捕捞水生经济动植物的生产部门。渔业包括水生动物及海藻的养殖和捕捞，不包括淡水中的水生植物（加莲藕、菱角、菖蒲）的种养。

渔业的分类如下：

（一）按渔业生产的性质分类

（1）养殖业。是利用水域养殖水生动物和海藻以取得其产品的生产行业，包括海水养殖和淡水养殖。

（2）捕捞业。是直接在水域捕捞天然水生动物和海藻的生产行业，包括海水捕捞和淡水捕捞。

（二）按产品的生产水域分类

（1）海水产品。包括海水鱼类、虾蟹类、贝类和藻类。

（2）淡水产品。包括淡水鱼类、虾蟹类和贝类。

二、渔业生产规模统计

（一）养殖面积

养殖面积。指人工投放苗种，并进行人工饲养管理的水域面积。它是反映水生动物和海藻养殖规模的指标，也是反映水产资源利用程度的指标。

（1）海水养殖面积。指利用海滩、浅海、港湾放养水产苗种以养殖鱼、虾、贝、藻等水产产品的人工养殖海水面积。

（2）淡水养殖面积。指利用池塘、湖泊、水库、沟渠放养水产苗种并进行人工饲养管理的淡水面积。不包括网箱养鱼、稻田养鱼和陆地水生植物栽培的面积。

（二）捕捞规模

反映捕捞规模的指标有参加捕捞作业的渔船、渔具和劳动力的数量。

（1）机动渔船。指用机器作动力进行捕捞作业的船舶。按总吨位计算，总吨位是按全部容积计算的吨位。

（2）非机动渔船。指专门从事渔业生产但不用机器作动力的渔船。非机动渔船吨位按载重量计算。

三、渔业产量统计

（一）渔业总产量

指实际捕捞的人工养殖和天然生长的某种水产品总量。凡报告期内捕捞的水产品产量，不论经济类型，不论自食出售，也不论养殖方式（如网箱养鱼、稻田养鱼），均统计在内。

统计渔业产量应注意的问题：①渔业产量一律按实际捕捞的产量计算。虽已养成而未捕捞者不统计产量。②渔业产量一般按日历年度统计。渔船出海捕捞至12月底归，可将产量统计在下年度产量内。第三，渔业产量要求按所属地统计。外地捕鱼，外地销售，其产量应统计在本地产量内。

（二）渔业产品率

（1）单位养殖面积产量。指养殖业产量与养殖面积之比。

$$单位养殖面积产量 = \frac{实际捕捞的养殖产品总量}{养殖面积}$$

（2）单位捕捞规模产量。指捕捞业产量与捕捞规模之比。

$$单位渔船吨位产量 = \frac{实际捕捞的天然水产品总数}{渔船吨位}$$

第十一章　村镇产值统计

第一节　农产品价格统计

农产品价格统计的任务是准确搜集、整理各种农产品价格的统计资料；科学分析农产品的各种差价、比价情况及其合理性；正确编制农产品价格指数，认真研究各种农产品价格变动的趋势与程度，为各级部门和企业经营单位提供参考。

一、农产品价格调查

农产品价格调查必须注意三点：

第一，注意农产品价格的代表性和可比性。由于农产品种类繁多，地区广阔，应选择典型地区有代表性的品种作为调查对象。

第二，农产品价格登记项目应详尽。每次价格变动的日期，变动前的价格、变动后的价格、变动的幅度以及变动的原因等，以便进行分析研究。

第三，调查农产品价格要连续。为了研究农产品价格变动的趋势，应固定调查点，系统地记录各个时期主要农产品的价格资料。

二、农产品价格资料的整理

价格资料整理。由只能说明某一地点、某一时间、某一品种的价格水平的资料，整理成能说明某一地区、某一时期、某一类或全部主要农产品的价格水平的资料。

（1）简单算术平均法，把某一时期内某种农产品在各个时点或地点上的价格相加，然后除以项数就得出简单平均价格。

$$P = \sum P/n$$

（2）序时平均法。根据各个时点的价格，计算序时平均数的方法求得。

$$\overline{P} = \frac{\frac{1}{2}P_1 + P_2 + \cdots + P_{n-1} + \frac{1}{2P_n}}{n-1}$$

上述两种方法都是假定某种农产品在各时点各地区上的购（销）量相同或波动不大的条件下运用，计算出来的平均价格的代表性较差。

（3）按购（销）日数加权算术平均法。是以某种农产品价格调整前后的购（销）日数作权数来计算平均价格。

（4）按购（销）量加权算术平均法。它是以某种农产品在不同时点或地点上的购（销）量为权数，来计算该种农产品在某一时期或某一时点的平均价格。

$$\overline{P} = \frac{某种农产品购（销）额}{该种农产品购（销）量} = \frac{\sum PQ}{\sum Q}$$

式中：Q 为购（销）量。

（5）混合平均法。直接以某一类不同商品的总购（销）额与总购（销）量对比计算其类平均价格：

$$混合平均价 = \frac{某类商品中甲商品购（销）额 + 乙 + \cdots}{该类商品中甲商品购（销）量 + 乙 + \cdots}$$

这种混合平均价格虽然不能反映某种农产品价格水平的变动，但它可以综合反映某类农产品价格的变动。

三、农产品价格指数的编制

农产品价格指数是说明农产品价格动态变化的相对指标，按流转环节可分为农副产品收购价格指数、批发物价指数、零售物价指数；按对比基期分为定基物价指数和环比物价指数；按范围分为单项农产品价格指数、类指数和总指数。

（1）单项农产品价格指数。也称个体物价指数，它只反映某一种农产品价格变动的方向和程度。公式为：

$$某种农产品价格指数 = \frac{报告期某种农产品价格（P_1）}{基期该种产品价格（P_0）} \times 100\%$$

（2）类指数和总指数。类指数是在单项指数的基础上编制的，反映某一类农产品价格的综合变动方向和程度。总指数是在类指数的基础上编制的，反映全部农产品价格总水平的变动情况。

$$\bar{K} = \frac{\sum P_1 Q_1}{\sum P_0 Q_1}（综合指数公式）$$

$$\bar{K} = \frac{\sum P_1 Q_1}{\sum \frac{1}{K} P_0 Q_1}$$ （加权调和平均数指数公式）

式中：P 为收购价格；Q 为收购量；$K = P_1/P_0$。

四、反映农产品价格的主要指标及其分析

（一）农产品差价及其分析

农产品差价。指同一种农产品在流通过程中，由于购销地区、购销季节、购销环节以及产品质量不同而引起的价格差异。

1. 地区差价分析

农产品地区差价是指同一种农产品在同一时间、不同地区价格之间的差额。侧重点是产地和集散地收购价格的差异。

收购价格的地区差价 = 集散地的收购价格 - 产地收购价格

地区差价率是反映产地和集散地价格的差异相对程度的统计指标。

收购价格的地区差价率 = （收购价格的地区

差价/产地收购价格）×100%

地区差价形成的原因包括以下几点：

（1）不同地区生产条件不同，生产同一种农产品所需必要劳动量也不同。

（2）产地到销地距离不一，运输条件不同，所耗费的运杂费也不同。

2. 季节差价分析

农产品季节差价是指同一种农产品的收购价格或销售价格，在同一市场不同季节的差额。

$$季节差价 = 初上市价格 - 旺市期价格$$

$$季节差价率 = （季节差价/旺市期价格）\times 100\%$$

衡量季节差价合理的标准是：是否有利于鲜活农产品的生产和贮藏；是否有利于不同季节的均衡供应；是否有利于生产者和供应者的经济核算；是否有利于安排人民生活。

3. 购销差价分析

农产品购销差价是指同一市场、同一时期的同种农产品收购价格与销售价格之间的差额。

$$购销差价 = 当地零售价格 - 当地收购价格$$

$$购销差价率 = \frac{购销差价}{收购价格} \times 100\%$$

农产品购销差价要符合以下原则：

（1）等价交换原则。一方面要保证农业生产在正常年景、合理经营前提下有合理的收益，保证农业扩大再生产；另一方面要保证商业企业在合理经营的前提下，流通费用能得到补偿，获得合理的利润，以调动商业企业经营农产品的积极性。

（2）要根据不同农产品对国计民生关系的大小和产销供需情况区别对待。

（3）要有利于国家收购农产品和正确处理"三者"利

益关系。

4. 批零差价分析

农产品的批零差价是指同一农产品在同一市场、同一时间内，批发价格与零售价格之间的差额。

$$批零差价 = 零售价格 - 批发价格$$

$$批零差价率 = \frac{批零差价}{批发价格} \times 100\%$$

农产品批零差价的制定原则是：必须有利于稳定市场物价和安定人民生活；有利于正确处理批发商业和零售商业的经济关系。

5. 质量差价分析

农产品质量差价指同一种农产品在同一时间、同一市场上，由于质量不同而形成的价格差异。

$$质量差价 = 非标准品价格 - 标准品价格$$

$$质量差价率 = 质量差价 / 标准品价格 \times 100\%$$

标准品一般应选择产销量大、质量中等，生产比较正常的产品。

农产品质量差价有品种差价、品质差价、等级差价、规模差价多种形式，分析农产品质量差价的目的，就是观察农产品质量差价是否合理，有没有贯彻按质论价、优质优价、劣质低价、同质同价的原则。

（二）农产品比价及其分析

农产品比价是指在同一市场上、同一时期内各种不同农产品收购价格之间的比例关系。可分为农产品单项比价与农产品综合比价。

1. 农产品单项比价

指某一种农产品收购价格与另一种农产品收购价格之间的比例关系，如棉麦比价、粮猪比价烟粮比价等。

$$农产品单项比价 = \frac{某种农产品收购价格}{另一种农产品收购价格}$$

2. 农产品综合比价

指某一种农产品与另一种农产品收购价格之间的比例关系，如粮食作物与经济作物的比价，种植业产品与畜牧业产品的比价等。

$$农产品综合比价 = \frac{某种农产品收购价格指数}{另一种农产品收购价格指数}$$

合理的农产品比价应该是相互交换的农产品的价格比例与其价值比例大体一致。由于目前技术和管理水平限制，还不能直接、准确地计量农产品的价值，只能借助于农产品价值在货币形态上的转化形式来计量。

因此，在实际工作中，通常采用以下四个指标来分析农产品比价：①每公顷净产值；②每公顷纯收益（税后纯收益）；③每个标准劳动力净产值；④每公顷盈利率（每公顷纯收益与公顷成本的比率）。安排和调控农产品比价的基本原则是：

（1）遵循价值规律要求的等价交换原则，尽量做到各种农产品的价格与其价值相适应，使生产者生产任何一种农产品，在正常年景、合理经营的前提下都有盈利。

（2）以粮价为中心的原则。粮食不仅是最基本的消费资料，也是稳定市场物价最重要的商品。

（3）要考虑社会对农产品的需求状况。对急需的大宗基本消费、工业生产急需和出口创汇高的农产品，应给予较高的比价，以促进农业生产结构的优化，增加对社会的有效供给。

第二节　增加值统计

增加值是指一定时期内，通过生产经营和劳务活动追加在劳动对象（即中间产品或劳务）上的那部分价值，又称追加值或附加值。增加值对企业或生产单位来说，是在一定时期内生产经营和劳务活动的最终成果。它是改革和完善我国农村现行统计指标，建立农村第三产业统计的重要内容。

一、农村物质生产部门增加值的计算

以农业为例，介绍农村物质部门增加值的计算。

（一）农业增加值的统计范围

农业增加值，就是农业生产单位在农业生产经营活动中追加在劳动对象上的那部分价值。是农业生产单位（或农户）为社会所做的贡献。它的统计范围包括行政区域管辖范围内从事农、林、牧、渔业生产的各种经济类型的生产单位，包括集体农业生产单位、个体农户和国营农业企业。不包括农业部门以外的其他部门，非独立核算的农业

生产单位和农业科研试验机构及部队的军马场。

农业增加值的计算方法。

1. **按生产法计算**

生产法是从农业生产单位在一定时期内生产的产品和提供的劳务总量（总产出）中，扣除外购产品和劳务价值等中间消耗计算农业增加值的方法。

农业增加值＝农业总产出－农业中间消耗

（1）国营农业企业农业增加值按生产法计算。国营农业企业农业增加值统计是以农、林、牧、渔场为调查单位和会计核算资料为基础，对有关会计项目进行调整、分解和转换后进行计算。

1）农业总产出。指报告期内，国营农业企业从事农业生产经营活动和提供劳务总成果的货币表现。国营农业企业农业总产出可按收入法和支出法计算：

按收入法计算：是以企业会计报表中利润表的产品销售收入为基础，从时间、范围上进行调整核算后计算。

农业总产出＝农产品销售收入
　　　　　　＋其他销售收入±产成品、在产品期末期初的增减额
　　　　　　±畜禽存栏期末期初增减额
　　　　　　－已计入销售收入的出售役畜收入

按支出法计算：是以生产过程发生的各项费用支出，如税金、利润之和进行计算。

农业总产出＝生产成本（费用）＋销售税金及农业税
　　　　　　＋销售费（含其他销售费）＋教育附加
　　　　　　＋产品销售利润及其他销售利润

2）农业中间消耗。指农业生产单位生产经营过程中所投入或消耗的各种物质产品和劳务价值的总和。中间消耗分为农业中间物质消耗和中间劳务消耗。

中间物质消耗：指国营农业企业在农业生产过程中所耗费的各种物质产品价值，如外购和计入总产出的自给性物质产品消耗。如种籽、种蛋、饲料、外购肥料、燃料、农药、用电量和农、林、牧、渔具购置及办公用品等物质产品，以及支付给物质生产部门的劳务费用如运输费、邮电费等。不包括固定资产折旧。

中间劳务消耗：指在生产过程中支给非物质生产部门的各种劳务费用。如农业贷款利息支出、畜禽防疫费、广告费、畜禽配种费、职工教育费、农业技术咨询费、机耕费、机收费、自来水费、差旅费（不包括其中个人补贴）、会议费和交主管部门的管理费，以及在市场自行出售农产品向有关部门缴纳的管理费、交易费等。

综上所述，农业生产中间消耗包括以下四个部分：

1）农业生产过程中实际消耗的劳动对象。如种籽、肥料、农药、饲料饲草、燃料、动力等。其消耗是先计算出每一种劳动对象的实际消耗量，再乘上各自的估价。即得生产过程中实际消耗的劳动对象的价值。

2）对物质生产部门的劳务支出。指农业生产过程中当年实际支付给物质生产部门的费用，如邮电费、农机修理费以及外雇运输费等。

3）对非物质生产部门的劳务支出。指农业生产过程当年实际支付给非物质生产部门的费用。如银行利息、保险费、广告费等。

4）其他物质消耗。指以上三大项目以外的各种物质消耗，如购买办公用品、账册等费用支出。

其中：1）、2）和4）项为中间物质消耗，3）是中间劳务消耗。

（2）农户和集体农业生产单位增加值按生产法计算。根据我国具体情况，农户和集体农业生产单位计算农业增加值；其具体计算方法是：

1）农业总产出。农业总产出是农户和集体农业生产单位当年生产的农业总产值。它是由农、林、牧、渔业各产值组成（详见第十三章农业总产值部分）。

2）中间消耗。农户和农业集体生产单值当年从事农业生产活动所消耗的外购或已计入总产出的自给性材料、燃料动力及其他各种中间物质产品和劳务支出的总价值其计算口径范围与国营农业企业基本上是一致的。

2. 按分配法计算

分配法是根据国营农业企业、集体农业生产单位和农户分配中所形成的各种收入再加固定资产折旧计算增加值的一种方法，亦称为倒算法。

分配法的计算方法是按其构成要素直接逐项相加计算。其计算公式为：

$$增加值 = 劳动报酬 + 福利基金 + 利润 + 固定资产折旧$$
$$+ 大修理基金 + 其他收入$$

（1）国营农业企业增加值按分配法计算。

1）劳动者报酬。指列入生产成本和销售费用中的工资。包括按规定支付给固定职工工资和临时人员以及农民进行生产的劳动报酬。

2）福利基金。指成本中按工资比例计提的职工福利基金和销售费用中的福利基金。不包括企业留利和利用归还贷款中提取的福利基金。

3）利润。指产品销售利润和其他销售利润。

4）税金。指向国家缴纳的各项税款。包括农业税、农林特产税、屠宰税、牧业税、渔业税、农副产品销售税、教育附加等。不包括与农业生产无关的房地产税、车船使用税、利后交纳的所得税、调节税和奖金税。

5）固定资产折旧及大修理基金。指按照固定资产折旧率和大修理提存率分别提取的基本折旧基金和大修理基金。

6）其他。指上列五项之外的增加值。例如，支付的生活、交通、出差等补贴和职工探亲费以及用于非生产性支出的工会经费、民兵训练费、文体宣传费、上交管理费等。

（2）农户和集体农业生产单位农业增加值按分配法计算

1）劳动报酬。指从事农业生产经营活动获得的劳动报酬或纯收入。不包括因自然灾害等原因由国家提供的救济和补贴。

农业纯收入＝农业收入－农业生产费用支出－税金
－生产性固定资产折旧
－上交集体提留－各种规定费用

2）福利基金。是集体农业生产单位为兴办集体福利事业从当年纯收入中提取的公益金。

3）税金。指应向国家缴纳的农业税、农林特产税、屠宰税、渔业税、牧业税和销售税等。

4）利润。是农户上交给集体部分以及农业集体生产单位公积金扣除折旧后的余额。

5）生产性固定资产折旧及大修理基金。指农户和集体农业生产单位按规定提取的折旧基金。

6）其他。指上列五项未包括部分。例如，活立林木蓄积量、牲畜存栏价值等。

3. 按分配去向计算

分配去向法计算农业增加值，可以反映增加值在国家、集体和个人之间的分配关系。其计算公式：

$$农业增加值 = 支付给个人 + 支付给国家$$
$$+ 留给本单位 + 支付给其他单位$$

（1）国营农业企业农业增加值按分配去向法计算

1）支付给个人（职工）。指增加值构成项目中的福利基金和农场留利中支付给个人部分以及支付给个人的各种补贴。

2）支付给国家。指增加值中分配给国家部分，包括：应缴纳的利润税金、能源交通建设基金、地方水电附加、教育经费附加等。财政包干补贴以负数冲减。

3）留给本单位。指增加值中分配后留给农场的部分，包括：农场留用的折旧及大修理基金、工会经费和企业利润。此外，还包括以利润弥补以前年度包干亏损和以利润弥补遭灾损失。

4）支付给其他单位。指增加值中分配给上级主管部门及其他单位的部分，包括：交给主管部门的折旧费和利润、上交工会经费、交其他部门的电费加价、劳动保险费以及其利润。其他单位转来利润则用负数冲减。

（2）农户和集体农业生产单位农业增加值按分配去向法计算

1）支付给个人。指农户的农业纯收入加农户固定资产折旧以及从集体农业生产单位取得的收入和各种补贴。

2）支付给国家。指农户和集体农业生产单位向国家缴纳的各种税金。

3）留给本单位（集体）。指包括农户上交集体部分、集体提留（扣除分配给农户的各种补贴）和集体农用固定资产折旧及大修理基金

4）支付给其他单位。指增加值中分配给上级主管部门及其他单位部分。包括上交主管部门的各种费用、交其他部门的电费加价等。其他单位转来利润用负数冲减（注：以上农业增加值计算的三种方法，我国主要是采用"生产法"和"分配法"）。

（二）计算农业增加值应注意的问题

计算农业增加值的价格可以采用现行价格，也可采用不变价格。一般采用现行价格。

用生产法计算农业增加值，必须先计算农业总产出和中间消耗，然后计算增加值。现价计算农业总产出，可以

反映在报告期价格水平条件下，农业生产的实际成果和各种劳务之间的比例关系。中间投入的物质和劳务价值，都是当时的实际支出。

用现行价格计算农业增加值，可以如实地反映农业生产的实际情况，用不变价格计算具有可比性，能消除不同时期价格变动影响。

由于流通渠道不同，进入流通领域的农产品实际销售的价格也不一样。根据国家有关规定，现行价格的确定，按国家合同定购、农民在市场上出售和农民自产自用的综合平均价格。

二、农村非物质生产部门增加值统计

农村非物质生产部门分为营利性单位和非营利性单位两大类。

（1）营利性单位。指独立核算，自负盈亏，有营业收入，其支出主要来源于经营收入，包括：农村金融、保险、生活服务等。

（2）非营利单位。指提供社会服务或福利的单位。单位经费全部或大部分来自财政拨款，不营利，不缴纳税金，包括：教育、社会福利事业、国家机关社会团体等。

（一）农村金融增加值计算

农村金融业是指主要从事信贷、结算、信托等业务的部门。它的经营收入包括营业收入，金融机构往来收入和其他收入，其收入来源主要是手续费和利息收入。

1. 手续费收入

是从事结算信托等业务而取得的服务报酬。

2. 利息收入

是指从事信贷业务而得到的利息差额,即利息收入减利息支出的净额。

3. 农村金融业的总产出

总产出等于营业收入加金融机构往来收入和其他收入减去金融机构往来支出和利息支出。

总产出减去中间消耗就是农村金融业的增加值。

农村金融业的利息收入,从全社会的角度来看,就是其他部门的利息支出。其他部门的利息支出已计入该部门的增加值。为了避免重复计算,在农村各部门增加值累计计算农村生产总值时,应扣除农村金融部门的利息净收入。

(二)农村保险业增加值计算

农村保险部门总产出等于保险收入加手续费等业务收入减保险支出和退保金。

保险部门的增加值等于总产出减业务活动的中间消耗。

(三)农村居民生活服务业增加值计算

农村居民生活服务业,包括旅馆业、理发业、浴池业、照相业、修理业等。

服务业总产出等于服务营业收入加附营业务净收入。

服务业增加值总产出减中间消耗就等于服务业的增加值。

增加值 = 从业人员 × 平均每一从业人员的增加值

平均每一从业人员的增加值。参照相近行业平均每一从业人员的增加值来确定。

个体服务业的增加值可用下列方法计算：

个体服务业增加值 =（个体服务业从业人员 ×

平均每一从业人员净收入）+ 缴纳税金

（四）农村文化教育、科技、卫生和社会福利事业增加值计算

社会公共福利服务部门，为非营利性事业单位，经费来源主要靠财政拨款。这些部门提供的劳务，没有市场价格，难以直接计算其服务总值和增加值。

计算方法。用劳动者收入代替"劳务价值"作为其增加值。

用经常性业务支出项目来计算总产出。

总产出 = 经费实际支出 + 预算外支出 + 固定资产虚拟折旧

经费实际支出。包括工资、福利费、公务费、修缮费、业务费和其他费用。

预算外支出。指单位自收自支的费用。

固定资产虚拟折旧。非营利性部门基本上不提固定资产折旧，为了使增加值的计算口径一致，计算固定资产虚拟折旧。

增加值。总产出扣除经费支出和预算外支出中的中间消耗后的余额

中间消耗。包括工资和福利以外的各种经常性支出。如公务费、修缮费、业务费和其他费用等。在计算中间消

耗时，不包括经费支出和预算外支出中的设备购置和基本
建设投资。

第三节　农村生产总值及其统计

一、农村生产总值的概念和统计范围

（一）农村生产总值

指一定时期内农村物质生产部门和非物质生产部门所
生产的全部最终产品和劳务的总值。采用 SNA 方法计算，
是反映农村物质生产和劳务活动总成果的综合指标。

（二）统计范围

以农村地区，包括乡村和镇两部分地区。

（三）农村产业的分类

1. 物质生产部门与非物质生产部门的划分

物质生产部门。指通过劳动将自然物和自然力转化为
适应人们需要的物质产品的生产部门。包括农业、农村工
业农村建筑业、农村运输业（货运）和农村商业企业。

非物质生产部门。指为社会提供各种劳务的产业。包
括农村客运业、农村金融、保险、科学研究、农业技术服
务和生活服务，以及文化、教育、卫生、体育和社会福利
事业等。

2. 三种产业的划分（表 11-1）

表 11-1　三种产业的划分

产业	层面	部门	行业
第一产业		农业	包括种植业、畜牧业、林业和渔业等
第二产业		工业	建筑业包括采掘工业、制造业、建筑业、煤气、电力、自来水等
第三产业	第一层次	流通部门	包括交通运输、邮电通信、商业、公共饮食业、物资供销和仓储业等
	第二层次	生产和生活服务部门	包括金融、保险、地质普查房地产管理、公用事业、居民服务业、旅游业、咨询业、信息服务业和技术服务等
	第三层次	提高科学文化水平和居民素质服务部门	包括教育、文化和广播电视、科学研究事业、卫生体育事业和福利事业等
	第四层次	公共需要服务部门	包括国家党政机关、社会团体以及军队和警察等

（四）生产总值的统计原则

生产总值的统计有以下三条原则。

（1）生产收入原则。不论在物质生产部门还是非物质生产部门中从事生产和劳务所得的收入，都是统计内容。

（2）市场交易原则。通过市场交易所得的收入，都是生产收入。如家务劳动、佣人则算、自干不算。特例："臆测收入""虚拟收入"。如农民自产自用产品,不经交易,但计产值;另如自有房屋,要臆测租金。

(3)合法性原则。没按规定登记批准的交易行为(如走私),违法活动(如抢劫),有碍社会道德风化行为(如赌妓)不计生产总值(注:零星分散的个体活动,私人的商品和劳务交易,因少而且复杂,不计产值)。

二、农村生产总值计算

农村生产总值。是一定时期内以货币形态表现的农村物质生产部门和非物质生产部门生产的最终产品和劳务总值,它等于农村总产出扣除中间消耗后所余部分。

(一)农村总产出

农村总产出。指一定时期内以货币表现的农村企业、事业单位和农户所生产的全部物质产品和劳务总值,它是反映农村物质产品生产和劳务活动总成果的综合指标。根据商品交易的原则,以实现的产品销售和营业收入为基础计算。

农村总产出＝中间消耗的产品和劳务价值
＋最终使用的产品和劳务价值

(二)中间消耗

(1)中间消耗。指一定时期内在产品生产和提供劳务过程中所消耗的产品和劳务。中间消耗分为中间物质消耗和中间劳务消耗。

(2)中间物质消耗。又称为中间产品消耗。包括:外购原材料、燃料、动力、办公用品等物质产品和支付给生产部门的运输费、邮电费、修理费、仓储费等。但不包括生产性固定资产折旧。

（3）中间劳务消耗。包括支付给非物质生产部门的差旅费、保险费、广告费和利息净支出等〔注：计算中间消耗的产品和劳务，必须是外购产品和劳务（农业包括自给性部分），并已计入总产出的价值。同时，也必须是本期投入并一次性消耗掉的产品和劳务〕。

（三）农村生产总值

（1）农村生产总值的计算内容。包括农村企业、事业单位和农户向社会提供的最终使用的物质产品和劳务总量。

具体内容如下：①农村居民消费的产品和劳务价值；②农村社会集团消耗的产品和劳务价值；③投资产品，即用作固定资产的产品价值；④增加储备和库存的产品。包括各种生产资料和消费资料的价值；⑤调出与调入（包括出口与进口）产品和劳务价值净额。

（2）农村生产总值。是农村总产出扣除中间消耗的产品和劳务价值后的余额。

（四）农村生产总值计算方法（表 11－2）

表 11－2　农村生产总值计算方法

三个角度	表现形态	三种方法
生产方面	新增产品和劳务的价值总量	生产法 部门法 增加值法

三个角度	表现形态	三种方法
分配方面	生产要素（劳动、资本、土地）得到的收入总额	分配法 收入法
使用方面	个人、企业和政府购买产品和劳务的支出总额	支出法 最终产品法

1. 生产法

将农村各部门增加值加总计算生产总值的一种方法。

优点：一方面要计算各部门的总产出，另一方面又要计算各部门的中间消耗。因此，按生产法计算，就能了解农村各部门增加值和中间消耗的情况。为进一步分析研究农村产业结构及其变化，研究农村产业之间的联系及农村各产业的经济效益提供资料。

农村各部门增加值是根据各部门的总产出减去中间消耗的产品和劳务价值计算。

农村各部门增加值 = 各部门总产出 − 各部门消耗的产品和劳务价值

2. 分配法

分配法又称收入法，是根据生产产品和提供劳务的农村企业、事业单位和农户分配形成的收入计算产值的一种方法。分配收入包括：

农村生产总值 = 各项分配收入 + 固定资产折旧 + 大修理基金

（1）劳动者报酬。指农村劳动者因生产产品和提供劳务在分配中所得的劳动收入。不包括由福利基金、公益金、利润、公积金等支付的工资、奖金、生活补助和救济金等。

（2）福利基金（或公益金）。指根据国家或集体有关规定提取并计入成本的福利基金（或公益金）。

（3）利润（或提留）。指产品销售利润或经营利润。提留是农村合作经济收入分配中按一定比例由集体提取留用部分。

（4）税金。指向国家交纳生产销售和经营环节的各种税金。不包括从留利中交纳的所得税、调节税和奖金税等。

（5）其他。指上列各项分配收入以外的收入部分。

注：上述"分配法"与计算农村社会净产值用的"分配法"不同。

3. 最终产品法

最终产品法又称支出法，是根据农村最终使用的产品和劳务而计算农村生产总值的一种方法。

按这种方法计算的农村生产总值，能反映农村最终产品和劳务使用的去向及其构成情况。

农村生产总值＋固定资产投资＋流动资产增加
＋农村社会消费＋农村居民消费＋调出＋调入

第四节 村镇非农产业产值统计

一、村镇工业产值统计

（一）村镇工业总产值统计

1. 村镇工业总产值

是以货币表现的农村工业企业在一定时期内生产的产

品总量，表明村镇工业生产的总成果。

统计范围包括乡镇办工业、村办工业、村以下工业和农户个体办工业的产值。村镇工业总产值只统计农村工业企业生产的产值，非企业性质的事业单位的收入不能统计在内。

2. 村镇工业总产值

采用"工厂法"来计算。以每个工业企业作为计算单位，按企业生产活动的最终成果计算。防止工业总产值在企业内部的重复计算，不能把企业内部各车间生产的产值进行简单的相加。

计算内容包括成品价值和工业性作业产值两部分。

（1）成品产值。成品是指在本企业已完成全部生产过程，经检验合格入库，随时可以提供社会使用的产品。成品按全价计算产值。具体内容包括以下几项：

1）企业自备原材料生产，已经销售和准备销售的成品价值。

2）用订货者来料加工生产的成品价值（包括订货者来料的价值）。

3）企业生产的提供本企业基本建设部门、其他非工业部门、生活福利等单位使用的成品价值。

4）企业自制设备已构成固定资产，并已转入财务账目的价值。

5）已经销售和准备销售的半成品价值。

（2）工业性作业产值。是指企业在生产过程中，不改变原产品的物质形态，只是提高或恢复原产品的使用价值或只完成产品生产过程中的个别工序（如为外单位承做的工业品部分加工和修理作业），按加工费计入产值。

（3）计算价格。工业总产值的价格和农业总产值一样，有现行价格和不变价格。

（二）村镇工业净产值统计

村镇工业净产值是指报告期内农村工业生产活动新创造的价值。其统计范围和农村工业总产值完全一致。

计算方法分为生产法和分配法两种。

1. 生产法

是从现价村镇工业总产值中直接减去物质消耗价值求得净产值的方法。其计算公式为：

村镇工业净产值＝村镇工业总产值－物质消耗价值

物质消耗：外购原材料、外购燃料、外购动力、固定资产折旧费、提取大修理基金、其他支出中的物质消耗（指办公费中的文具、印刷、邮电等费用；租入生产用固定资产和工具的租赁费、对外支付的货物运输费、图纸资料费等）、产品销售中的物质消耗以及订货者来料的价值。

2. 分配法

是根据村镇工业净产值初次分配的各项要素直接相加求得净产值的方法，其计算公式为：

村镇工业净产值＝工资＋职工福利基金＋利润

＋税金＋利息＋其他支出

各项目及具体内容如下：

（1）利润和税金。指企业在报告期应得的产品销售利润和应缴纳的产品销售税金。农村工业企业由于规模较小，报告期的产品产量和实际销售量基本一致，可直接用产品销售利润和销售税金代替。

（2）工资。包括职工固定工资和职工生活补贴以及技术津贴费用等。一般可根据会计"应付工资"科目明细账计算。

（3）从业人员的福利基金。指村镇工业企业在成本中按工资的一定比例提取的福利基金。不包括由企业留利中提取的福利基金。

（4）利息支出。指报告期企业利息的收入与支出冲抵后的余额。

（5）其他。指除上述几项外，属于净产值初次分配性质的支出，如差旅费、会议费、干部培训费、保健津贴、房产税、土地使用税、车船使用税、排污费、企业教育费等。

计算村镇工业净产值应注意以下问题：

1）国家给予的补贴。属于国民收入的再分配，都不能计算在净产值内。

2）亏损企业的净产值。如果出现负数，仍应按实际情况上报。在进行综合时正、负数相抵。

3）季节性工业企业。在停工月份不计算净产值。

二、村镇建筑业产值统计

（一）村镇建筑业总产值统计

1. 村镇建筑业总产值的统计范围

村镇建筑业总产值是指农村各种合作经济组织和农户从事建筑安装生产活动，在一定时期内生产成果的货币表现。

统计范围：①村镇各种合作经济组织的建筑队在村镇的建筑安装工程产值（不包括进城完成的建筑安装工程产值）；②村镇合作经济组织自筹自建的建筑安装工程产值；③农户自筹自建的房屋产值；④村镇自筹自建的农田水利工程产值；⑤村镇投资开垦成片荒地产值（不包括国营投资开荒）。

2. 村镇建筑业总产值的统计内容

统计内容包括建筑工程、设备安装工程和生产性作业。

（1）建筑工程，包括厂房、仓库、住宅等房屋建筑、构筑物、各种管道（如石油、煤气、供水等）、输电线和电信导线的敷设工程；设备的基础、支柱、工作台、梯子等建筑工程；为了施工而进行的平整土地、原有建筑物的拆除、地质勘探以及建筑完工后的场地清理等；还包括矿井开凿、露天矿的开拓；石油和天然气的钻井工作；水利工程、开垦荒地等。

（2）设备安装工程，包括生产、动力、起重、运输、传动、医疗、实验等各种需要安装的机械设备的装配装置工程以及与安装设备相连的工作台、梯子等的装置、被安装设备的绝缘、保温、防腐等工程。

（3）生产性作业，指恢复和提高原建筑物的使用价值而进行的修理修缮工作。

村镇建筑业总产值统计时应注意以下几点：①水利工程只计算农村合作经济组织和农户集资兴建的中小型水利工程产值。凡是国家投资兴建的水利工程一律不包括在内。只有劳动投入没有工程设施的农田基本建设，暂不包括在内。②农户开垦荒地的产值，只计算农村投资有工程设施的大片开荒产值。由国家投资农垦系统开荒面积不包括在内。③设备安装工程产值中不包括被安装设备本身的价值。

3. 村镇建筑业总产值的计算

按"企业法"计算，即以独立核算建筑企业为对象，按每个企业生产活动的最终成果计算产值。

（1）建筑工程产值，建筑工程产值在建设单位称为建筑工程投资额，在施工单位称为建筑工作量。由于建筑产品有个体大、生产周期长、造型结构复杂的特点，其产值是随工程进度，按照已完成分部、分项工程实物量进行计算的。有单价法和部位法两种：

单价法：

$$建筑工程产值 = \sum （已完工程实物量 \times 预算价格）$$
$$\times （1 + 间接费用率）\times （1 + 法定利润率）$$

部位法：

$$建筑工程产值 = \sum（单位建筑工程预算造价$$
$$\times 完成的各部位分别占单位建筑工程造价比重）$$

式中，已完工程实物量是指已完成各分部、分项工程预算定额所规定的全部工作内容的工程量。

预算单价。是指施工预算的工程单价，即预算直接费（人工、材料、机械等费用）。

间接费用率。是指施工管理费、大型临时设施费、冬季、雨季施工费等间接费占直接费的比率。

法定利润率。指施工单位法定利润占预算成本的比率。

（2）安装工程产值。安装工程产值是施工单位在一定时期内完成机械设备安装工作的价值总量。计算方法和建筑施工产值的计算方法基本相同。

$$安装工程产值 = \sum（已完工程实物量 \times 安装工程$$
$$预算造价）\times（1 + 间接费用率）\times（1 + 法定利润率）$$

（3）生产性作业产值。是建筑物修理、修缮工作的价值，按实际支付的费用计算。

由于农村建筑业活动多数都缺乏建筑安装工程预算资料，因而对建筑业总产值可按其投资总额乘以已完工程量占全部工程量的比重，或以已完工程项目乘以单位平均造价进行推算。

其中，计算建筑业总产值应注意，农民自建房屋则采用建房造价（包括人工费、材料费和其他费用）来计算；开荒单价用每亩开荒成本代替。

（二）建筑业净产值统计

村镇建筑业净产值是指报告期内农村建筑安装生产活动新创造的价值，它的统计范围和村镇建筑业总产值一致。

建筑业净产值计算方法包括生产法与分配法两种。

1. 生产法

是从村镇建筑业总产值中扣除物质消耗求净产值的方法。

$$村镇建筑业净产值 = 村镇建筑业总产值 \\ - 村镇建筑业物质消耗$$

建筑业的物质消耗主要包括建筑安装生产活动中所消耗的建筑材料、施工现场的水、电，固定资产折旧、临时设施的摊销以及施工支出的运输、邮电费等。对于自筹自建的建筑安装工程、农田水利工程、开垦成片荒地，一般可根据抽样调查或典型调查的资料。

2. 分配法

它是从国民收入初次分配的角度，将构成净产值的各个要素直接相加求得净产值的方法。

$$村镇建筑业净产值 = 工资 + 职工福利基金 + \\ 利润 + 税金 + 利息 + 其他支出$$

三、村镇运输业产值统计

（一）村镇运输业总产值统计

1. 村镇运输业总产值的概念和统计范围

村镇交通运输业总产值，是指其对物质产品转运活动中所增加的价值，也就是运输企业货运、装卸和仓库经营方面的收入。它的统计范围包括：村镇集体经济组织办的运输企业的货运产值和个体货运产值。凡是汽车运输、水运、拖拉机运输、畜力车运输和装卸搬运等货运活动的产值均应统计在内。

2. 村镇交通运输业产值的计算

按"企业法"计算，即以独立核算的运输企业为对象，按每个企业货物运输生产活动的最终成果（运输量）计算产值，也就是按这些单位的全部货运收入计算。目前只要求按现行价格计算。

（二）村镇运输业净产值统计

村镇运输业净产值，是指村镇各级合作经济组织和农户在报告期从事货物储运活动新创造的价值。它的计算方法有生产法和分配法两种。

1. 分配法

即在运输总收入中支付税金、利息、集体提留和个人收入的总和。

2. 生产法

即在总收入中扣除物质消耗。

其物质消耗，包括燃料、材料、电力、生产性固定资产折旧及船舶修理费等。

四、村镇商业及饮食业产值统计

（一）村镇商业及饮食业总产值统计

1. 村镇商业及饮食业总产值的概念和统计范围

村镇商业总产值是指村镇商业企业，在商品采购、保管整理和销售等活动中追加到产品中的价值。村镇商业总产值统计范围，包括村镇各种合作经济组织办的商业企业（包括村镇供销社）产值和个体商业产值两部分，饮食业产值的统计范围与村镇商业相同。

2. 村镇商业总产值的计算

是按"企业法"来计算的。以独立核算的商业企业为对象，按每个商业企业生产活动的最终成果（商品附加费）计算产值，在商业企业内部不得重复计算。

（1）按商品流转费、税金和销售利润的总和计算

$$商业总产值 = 商品流转费用 + 商品经营利润$$
$$+ 商品销售税金 - 运杂费$$

商品流转费主要包括：支付给商业工作人员的劳动报酬；支付商品流转过程中的服务费用，如运输费、搬运费等；支付商品流转中的物质消耗，如固定资产折旧、家具用品等的摊销；商品流转中的商品损耗价值及其他支出，如银行贷款利息等。

为避免流通过程的重复计算，计算总产值时在商品流转费中应扣除支付给运输企业的托运费及装卸搬运费。

（2）用毛利率方法计算

$$商业总产值 = 商品零售额 \times \frac{商品销售毛利}{商品销售总额} - 运杂费$$

3. 饮食业总产值

是按营业额计算的，即按加工、销售食品全价计算，村镇商业、饮食业总产值目前只要求按现行价格计算。

（二）村镇商业、饮食业净产值统计

村镇商业、饮食业净产值。是指村镇商业单位和饮食业在组织商品购销活动和食品加工、销售活动中新创造的价值。

1）村镇商业净产值。通常采用分配法计算，即工资、经营利润、销售税金、福利基金、利息支出及其他支出费用之和。其他支出主要有保险费、手续费、培训费等。

2）村镇饮食业净产值。采取常用生产法计算，即从饮食业总产值中扣除物质消耗。饮食业的物质消耗主要包括原材料、燃料消耗和水电费、家具器皿折旧及管理费等。

第十二章　村镇经济效益统计

经济效益是经济工作的核心，也是发展村镇经济的重要途径。

第一节　村镇经济效益基本指标

一、村镇经济效益的概念

经济效益，一般是指劳动占用和劳动消耗同劳动成果的比较。马克思指出："真正的财富在于用尽量少的价值创造出尽量多的使用价值。换句话说，就是在尽量少的劳动时间里创造出尽量丰富的物质财富"。

村镇经济效益，是指一定时期内的村镇经营活动中，劳动占用和劳动消耗与劳动成果、支出与收入、投入与产出之间的对比关系。

$$农村经济效益 = \frac{农村经济劳动成果}{农村经济劳动占用或劳动消耗}$$

二、综合指标体系

综合指标体系是指从劳动利用、能源利用和资金利用等方面来设计村镇经济效益的综合指标体系。

（一）村镇劳动生产率

劳动生产率是劳动力的生产效率。它表现为劳动力在单位时间内所生产的产品数量，或生产单位产品所消耗的劳动时间。劳动力在单位劳动时间内生产的产品数量越多，或单位产品耗用的劳动时间越少，说明劳动力生产效率越高。

$$劳动生产率（正指标 q）= \frac{产品产量（Q）}{劳动时间（T）}$$

$$q = \frac{1}{t} \quad 劳动生产率（逆指标 t）= \frac{劳动时间（T）}{产品产量（Q）}$$

注意两点：①二者所包含的时间必须一致。如年产量一定要和年劳动消耗相比；②二者包括的范围要一致，产品产量的范围和相应的劳动消耗量范围要一致。

1. 按村镇社会总产值计算的村镇社会劳动生产率

$$农村社会劳动生产率 = \frac{一定时期内的农村社会总产值}{该时期内平均劳动力个数}$$

该指标反映平均每个村镇劳动力在一定时期内（一般按年计算）生产的村镇社会总产值。平均每一农业劳动力生产的产值越多，村镇劳动力的生产效率就越高。

2. 按村镇社会净产值计算的村镇社会劳动生产率

$$农村社会劳动生产率 = \frac{一定时期内的农村社会净产值}{该时期内平均劳动力个数}$$

该指标由于剔除了物化劳动转移价值影响，所以能更确切地反映平均每一村镇劳动力新创造的价值。

3. 按村镇经济总收入计算的村镇社会劳动生产率

$$农村社会劳动生产率 = \frac{一定时期内的农村经济总收入（或纯收入）}{该时期内平均劳动力个数}$$

这个指标说明村镇劳动力创收水平的高低。

4. 按主产品实物量计算的村镇社会劳动生产率

该指标是以村镇生产的粮、棉、油、肉、禽、蛋、煤炭、木材、砖瓦以及水产品等主要工农业产品产量分别与村镇劳动力相比较来计算的。它具体鲜明地反映出每一村镇劳动力生产若干种主要物质产品的能力。

$$村镇社会劳动生产率 = \frac{一定时期内主要工农业产品产量}{该时期内平均劳动力个数}$$

（二）村镇经济资金生产率

指资金占用与劳动成果的比率，反映资金占用的经济效益。

$$村镇资金生产率 = \frac{劳动成果}{资金占用额}$$

该指标反映生产中投入单位资金提供的劳动成果（产值、收入、利税等），该指标数值越大，说明村镇经济效益越好；逆指标表示，平均单位劳动成果所占用的资金额，数值越小表明经济效益越好。可计算下列几种村镇经济资金生产率。

1. 固定资金生产率

又称固定资产产值率，是一定时期的村镇社会总产值与平均村镇固定资产原值的比率。

$$百元固定资金生产率 = \frac{村镇社会总产值（元）}{年平均固定资产原值（百元）}$$

该指标反映百元固定资金提供的村镇社会总产值。

在实际工作中，还可以计算百元固定资产提供的净产值，商品产值、村镇总收入、纯收入、利税等劳动成果。

2. 流动资金生产率

即流动资金与村镇社会总产值之比。

$$百元流动资金生产率 = \frac{村镇社会总产值（元）}{流动资金占用额（百元）}$$

说明每占用百元流动资金能得到的村镇社会总产值。该指标数值越大，则经济效益越好。逆指标称为流动资金占用系数。

$$流动资金占用系数 = \frac{流动资金占用额（元）}{村镇社会总产值（百元）}$$

表明每生产百元产值，需要占用多少流动资金，指标数值越小，说明经济效益越好。

3. 总资金生产率

即资金占用生产率，它是指村镇中投入的固定资金和流动资金总额与村镇产值之比。

$$资金占用总生产率 = \frac{村镇社会总产值}{资金占用额}$$

$$资金占用净生产率 = \frac{村镇社会净产值}{资金占用额}$$

反映村镇生产占用单位资金提供的村镇产值。指标数值越大则经济效益越好。

$$资金占用盈利率 = \frac{村镇社会净产值 - 生产成本}{资金占用额}$$

$$资金占用利税率 = \frac{利润 + 税金}{资金占用额}$$

该指标考核村镇经济组织的经济效益，有利于促进企业改善经营管理、降低成本、提高产量，增加收入。

（三）总成本（或总费用）生产率

总成本生产率是村镇生产经营中的劳动消耗量（包括活劳动消耗量与物化劳动消耗量）与劳动成果的比较。在生产过程中的劳动消耗总量，一般以产品生产总成本表示，所以叫总成本生产率；在流通过程中劳动消耗总量，一般以总费用表示，所以叫总费用生产率。

$$总成本（或总费用）生产率 = \frac{劳动成果}{村镇生产总成本（或总费用）}$$

劳动成果可以是村镇社会总产值、净产值或商品产值，村镇总收入、纯收入或利润。该指标数值越大说明村镇经济效益越高。村镇费用收益率，以说明总费用生产率水平。

$$村镇费用收益率 = \frac{村镇年纯收入}{村镇年总生产费用}$$

村镇社会总产值中物质资料消耗比重越小，则经济效益越好。

（四）村镇经济活动目的指标

（1）产品商品率。村镇产品商品率是反映村镇商品生产发展程度的经济指标。

$$村镇产品商品率 = \frac{村镇年总生产费用}{村镇社会总产值} \times 100\%$$

（2）村镇人均纯收入。是村镇纯收入与村镇年平均人口数之比。

$$村镇人均纯收入 = \frac{村镇纯收入}{村镇年平均人口数}$$

除此我们还可以计算村镇人均产品创汇率，人均产品产量、人均产值等经济活动目的指标。这些指标越大，说明村镇经济水平和村镇人民生活水平越高，村镇经济效益越好。

第二节　村镇部门经济效益统计

一、农业经济效益统计指标

（一）农用土地生产率

指农业生产中占用的土地面积与其生产成果的比较，可以表明农用土地利用的经济效益。

（1）单位耕地面积上的产量、产值或收入。是反映农作物种植业生产水平和耕地利用经济效益的指标。可分别计算每亩播种面积、每亩收获面积、每亩产粮占耕地面积、每亩产耕地面积提供的农产量、产值和收入。

（2）单位林地面积上的产量、产值或收入。是反映林业生产水平和经济效益的指标。

（3）单位草地牧场上的载畜量、畜产量、产值或收入。是反映畜牧业生产水平和经济效益的指标。可为牲畜头数、肉产量、奶产量、毛产量、产值或收入等。

（4）单位水面面积的水产品产量、产值或收入。如每亩养殖面积产量，每亩水面面积产量等。

（5）单位农用土地面积上的农业总产值、净产值、商品产值或农业总收入、纯收入、利润。可以综合反映农用土地的生产率。

（二）农业劳动生产率

$$农业劳动生产率 = \frac{农产品产量}{农业劳动消耗量}$$

（1）活劳动生产率。如每个农业劳动力全年生产的主要农产品产量；每个劳动力全年生产的农业产值、收入或利润；平均每个工作日生产的农业产量、产值或收入。

（2）物化劳动生产率。即各种生产资料，如种子、饲料、化肥、农药等物化劳动的生产率，即单位物质消耗量提供的农产品产量，如每千克化肥生产的粮食千克数、每1元人民币物质费用提供的农业产值收入等。

（3）全部劳动消耗生产率。成本是活劳动与物化劳动消耗量的货币表现，全部劳动消耗量生产率也就是每元成本提供的农业产量、农业总产值、净产值或商品产值，农业总收入、纯收入或利润。

（三）农业资金生产率

农业资金生产率是指农业产值（或收入）与投入的生产资金之比。

$$农业资金生产率 = \frac{农业产值或收入}{农业资金占用额}$$

资金一般分为固定资金和流动资金，可以分别考察农业固定资金和流动资金的利用效果。

（四）人均主要农产品产量和收入

农业生产的目的是增加农民的收入，提高全国城乡人民的生活水平。可计算全国或地区人均粮食占有量、肉食消费量，全国农民人均总收入、纯收入，能综合反映农民的生活水平。此外，农产品成本及其降低率、农产品商品率、牲畜出栏率、森林覆盖面积等指标也可以从不同方面来反映农业的经济效益。

二、村镇工业经济效益指标

反映活劳动消耗的效益指标主要有全员劳动生产率、生产工人劳动生产率、时劳动生产率、日劳动生产率、月劳动生产率、年劳动生产率等。

$$劳动生产率 = \frac{工业总产值（或净产值）}{职工（或工人）平均人数}$$

$$人均利税率 = \frac{利税总额}{职工（或工人）平均人数}$$

（一）反映物化劳动消耗的效益指标

物质消耗在生产中所占的比重越小，经济效益越好；反之越差。

$$物耗率 = \frac{物质消耗价值}{工业总产值} \times 100\%$$

$$每百元总产值占用固定资产 = \frac{工业总产值（或净产值）}{职工（或工人）平均人数}$$

（二）反映能源消耗的效益指标

能源消耗率越低，经济效益越好，反之则差。

$$万元产值能耗 = \frac{工业能耗总量}{工业总产值（万元）}$$

（三）反映定额流动资金利用情况的效益指标

$$定额流动资金周转次数 = \frac{产品销售收入}{定额流动资金平均占用额}$$

$$定额流动资金周转天数 = \frac{报告期日历天数}{定额流动资金周转次数}$$

（四）反映生产设备利用情况的效益指标

$$设备台时产量 = \frac{合格品产量}{设备实际开动台数}$$

$$设备时间利用率 = \frac{设备实际工作时间}{设备规定工作时间} \times 100\%$$

（五）反映产品符合社会需要的效益指标

$$产品销售率 = \frac{产品销售收入}{现价商品产值} \times 100\%$$

$$产品合同订货率 = \frac{产品合同总产值}{全部工业总产值} \times 100\%$$

（六）反映为社会创造更多财富的效益指标

$$资金利税率 = \frac{利税总额}{资金占用额} \times 100\%$$

$$产值利税率 = \frac{利税总额}{总资产} \times 100\%$$

$$产品销售利润率 = \frac{产品销售利润}{产品销售收入} \times 100\%$$

（七）反映产品质量提高的指标

$$质量稳定提高率 = \frac{持平和改善的项目数}{调查的总项目数} \times 100\%$$

$$优质产品率 = \frac{优质品产值}{全部工业品总产值} \times 100\%$$

三、村镇建筑业经济效益指标

（1）村镇建筑业劳动生产率。是从村镇建筑业总产值与相应的建筑业劳动力相比较，综合反映村镇建筑业劳动力利用情况的效益指标。

（2）竣工率。是村镇建筑业竣工工程产值与施工工程全部价值的比值综合反映竣工程度、施工速度和投资效果。

$$竣工率 = \frac{竣工工程产值}{施工工程全部价值} \times 100\%$$

（3）施工机械设备时间利用率。与工业经济效益指标中的设备时间利用率相同。

（4）工程成本降低率

$$工程成本降低率 = \frac{工程成本降低额}{工程预算成本} \times 100\%$$

注：式中工程成本降低额是指工程预算成本减去工程实际成本的差额。还可以计算建筑业的产值利税率，流动资金周转天数和次数等指标，其方法与村镇工业经济效益同类指标的计算方法类同。

四、村镇商业经济效益指标

（一）商业流动资金占用指标

商业流动资金主要是指停留在流通过程中的周转性物质的货币表现，如商品、原材料、半成品、包装物与现金等。由于它们直接参加商品流转，并随着商品的流通不断变化自己的形态。因此，要统计流动资金占用数额必须将

某一点上的流动资金按序时平均法计算其流动资金平均占
用额。然后将其与商品流转额对比，求得流动资金占用率。
一般都用每百元商品销售额占用的流动资金来表示。

$$\genfrac{}{}{0pt}{}{每百元商品销售额}{占用的流动资金} = \genfrac{}{}{0pt}{}{流动资金}{平均占用额} \div 商品纯销售额（百元）$$

同时还应计算商业流动资金周转次数和周转天数，以
考察流动资金周转速度，加快流动资金周转。

（二）反映村镇商业利润的指标

1. 毛利率

毛利，又称进销差价，即商品纯销售额与商品按进价
计算的差额。是补偿费用开支和实现资金积累的主要来源。
毛利率是商品销售毛利占商品纯销售额的比例。

$$毛利率 = \frac{商品销售毛利}{商品纯销售额} \times 100\%$$

2. 利润率

利润率是指利润总额占商品纯销售额的比例，它反映
商业企业销售商品的利润水平。

$$利润率 = \frac{利润总额}{商品纯销售额} \times 100\%$$

（三）商品流通费用率

指商品流通费用额占商品纯销售额的比例，反映商业
企业销售商品的流通费用水平。该指标也叫流通费用水平。
该指标越小，经济效益越好。

$$商品流通费用率 = \frac{商品流通费用总额}{商品纯销售额} \times 100\%$$

（四）村镇商业劳动效率指标

指一定时期内平均每个商业工作人员所完成的工作量。它具体表明商业部门活劳动消耗的经济效果。可以计算平均每个商业工作人员的纯流转额，也可以计算平均每单位商品纯流转额所耗费的劳动量。

五、村镇运输业经济效益统计指标

（1）村镇运输业劳动生产率。指村镇运输总产值（或货运周转量）与相应的运输业劳动力之比。该指标可以综合反映运输业劳动力的使用效果。

（2）载货汽车百吨千米耗油量。指载货汽车运输过程中的汽油（或柴油）消耗量与货物周转量之比。

$$\text{载货汽车百吨千米耗油量} = \frac{\text{汽油（柴油）消耗量（升）}}{\text{货物周转量（吨千米）}} \times 100\%$$

（3）载重汽车吨位产量。指载货汽车的吨位与货物周转量之比。

$$\text{载货汽车吨位产量} = \frac{\text{货物周转量（吨千米）}}{\text{汽车标定吨位数（吨）}} \times 100\%$$

除上述指标，还可以计算村镇运输业产值利税率等。

第三节　村镇经济效益综合评价

一、村镇经济效益的评价标准

经济效益综合评价是遵循整体性原则，在对经济效益各主要方面实际达到的水平进行比较的基础上。对整体经济效益的好坏程度作出全面、准确、系统的判断。

经济效益的评价标准，目前通常采用以下几种：

（一）计划标准

计划标准是用计划指标作为评价村镇经济效益实际状况的尺度，将各经济效益指标的实际达到水平与相应的计划水平进行比较。计划标准的优点在制订计划时全面考虑了各方面的因素。

（二）历史标准

历史标准是以考察对象的历史水平作为衡量尺度，将村镇各经济效益指标的计算期水平与相应的历史水平相比较。历史标准有两种：一种是以同一总体各指标历史最好水平为对比标准；另一种是以同一总体各指标上年同期水平为对比标准，可客观地反映提高经济效益的进程。

（三）社会标准

是将村镇各业置于更广泛的社会范围中考察其经济效益状况而建立的统一评价与衡量标准。它可分为行业标准、地区标准、国内标准和国际标准。也就是将具体评价对象各项经济效益指标的实际值与同行业、同地区，或全国及国际同一指标的平均水平或先进水平比较。

二、村镇经济效益的评价步骤

（一）确定经济效益的评价项目

即确定一组能全面反映村镇经济效益各主要方面的指

标，如可提高村镇生产效率的指标，有利于节约村镇人力、物力、财力、能源的指标等。

（二）确定经济效益的评价标准

在选定评价项目后应确定相应的评价标准作为比较和衡量经济效益好坏程度的尺度。

（三）选择经济效益的评价方法

一般采用专家征询，集中多数专家的意见确定的。在实际应用中，评价人员可根据情况自行修正、完善。

（四）分析经济效益的评价结果

将各经济效益指标的比较结果进行综合计算，形成村镇经济效益的综合评价值，而后进行评价分析。

三、村镇经济效益的评价方法

（一）综合评分法

（1）根据各项评价指标的重要程度，确定大小不等的最高评分标准。

（2）按各项评价指标的实际执行情况，分别评定分数。

（3）将各项评分综合成一个综合经济效益总分数，用以比较分析。

例如：①以评价指标的上年同期水平为衡量标准，按各评价指标报告期实际达到的水平区分为：改善、持平、退步三种情况。②报告期实际水平与上年同期水平对比后，凡增减幅度小于或等于5‰视为持平，超过或低于5‰的视为改善或退步。③报告期实际水平比上年同期水平改善的计满分，持平的减半计分，退步的计 0 分。④将各项评价指标的实际得分加总，便得出综合经济效益总分数。

又如，要评价某乡镇的综合经济效益，共有三项评价指标：人均国民生产总值、劳动生产率、资金利税率。

首先根据各指标在考核中的重要程度确定标准分数：40 分、30 分、30 分，然后，考核各指标的分数，若三个指标比上年同期水平均有改善，得分分别为 40 分、30 分、30 分，综合经济效益分数为 100 分；如果三项指标较上年同期水平持平，得分分别为 20 分、15 分、15 分，综合经济效益分数为 50 分。

这种方法所规定的标准分数最高为 100 分，实际得分数越高，越接近 100 分，经济效益越好，相反，经济效益越差。

综合经济效益评分的优点是概念明确，计算方法简便易行，并且能够反映经济效益提高或降低的趋势；缺点是不能反映变动幅度，而且以历史标准为比较尺度，会使横向对比受到影响。

（二）综合经济效益指数法

1. 计算个体指数

可先对各项评价指标进行动态对比，计算出个体指数。

2. 使用加权算术平均法

对各项效益指标的个体指数进行平均汇总。

$$综合经济效益指标 = \frac{\sum KW}{\sum W}$$

其中，K 为各项评价指标的个体指数；W 为权数；$\sum W = 100$。

举例说明综合经济经济效益指数的计算方法（表 12 – 1）。

表 12 – 1　综合经济效益计量表（以 1999 年资料为基期）

指标名称	权数 W	1999 年实际值	2010 年			2011 年		
			实际值	个体指数 K%	加权指数值 KW	实际值	个体指数 K%	加权指数值 KW
产品销售率（%）	10	94.4	95.2	100.8	10.08	95.3	101.0	10.10
产品质量稳定提高率（%）	7	80	73	91.25	6.39	82	102.5	7.18
资金利税率（元/百元）	2	24.8	26.04	105	12.6	26.3	106	12.73
产值利润率（元/百元）	12	15.8	14.1	89.2	10.71	15.0	94.9	11.39
流动资金周转次数（次）	10	3.22	3.45	107.1	10.71	3.48	108.1	10.81
利润上交率（%）	10	82.5	80.5	97.6	9.76	84	101.8	10.18
每百元物耗提供产值(元/百元)	7	147.9	148.8	100.6	7.04	148.9	100.7	7.05
原燃料动力消耗降低率（%）	7	82.5	66	80	5.6	78	94.5	6.62
全员劳动生产率（元/人）	15	12080	11863	98.2	14.73	12191	100.9	15.14
每吨能耗提供产值（元/吨）	10	1227	1309	106.6	10.66	1377	102.2	10.22
合计	90				98.28			101.42

通过上表计算可知：

2010 年综合经济效益指数 = 98.28%

2011 年综合经济效益指数 = 101.42%

由此看出，2011 年的综合经济效益比 2010 年的综合经济效益好。

这种方法计算的综合经济效益指标，可以进行多种比较分析。

1. 不同时期综合效益指数对比

$$经济效益变动指数（\%）=\frac{报告期综合经济效益指数}{基期综合经济效益指数}$$

比如根据上例资料可计算：

2011 年比 2010 年综合经济效益变动指数 = 103.19%

说明 2011 年的综合经济效益比 2010 年提高了 3.19%

2. 不同地区、部门、企业间综合效益指数对比

$$不同空间对比指数（\%）=\frac{甲地区综合经济效益指数}{乙地区综合经济效益指数}\times100\%$$

3. 检查综合经济效益的计划完成情况

$$综合经济效益指数=\frac{实际综合经济效益指数}{计划综合经济效益指数}\times100\%$$

综合经济效益指数能够比较全面和准确地反映经济效益的实际水平，且有利于不同时间、不同地区的综合经济效益水平进行比较。

（三）功效系数法

（1）根据以往实际资料，事先确定各项效益指标可能实现的满意值和最低许可值。

（2）根据各项效益指标的实际值与其指标的最低许可值之差，与指标的满意值与指标的最低值之差的比率计算

各项指标的功效系数。

（3）再对各项指标的功效系数计算加权几何平均数，从而求得一个总功效系数即总的综合经济效益分数，以评定综合经济效益的情况。

下面以甲、乙两个地区的三个经济效益指标的资料来说明功效系数的具体计算方法（表 12 - 2）。

表 12 - 2　功效系数计算表

计量单位	满意值 xa	不允许值 xb	权数 pi	甲地区		乙地区	
				实际值 xi	功效系数 di	实际值 xi	功效系数 di
1. 人均国民生产总值（元/人）	500	300	4	420	84	360	72
2. 社会劳动生产率（元/人）	800	400	3	624	82.4	640	84
3. 资金利润率（元/百元）	25	0	3	20	90	18	86
合计			10		85.3		79.5

上表计算可归纳为两步：

第一步：先计算各评价指标的功效系数，比如，人均国民生产总值的功效系数为：

甲地区：$\dfrac{420-300}{500-300} \times 40 + 60 = 84$ 分

乙地区：$\dfrac{420-300}{500-300} \times 40 + 60 = 72$ 分

第二步：根据各评价指标的功效系数求综合效益功效系数。比如：

甲地区的总功效系数 $= \sqrt[10]{84^4 \times 82.4^3 \times 90^3} = 85.3$ 分

乙地区的总功效系数 $= \sqrt[10]{77^4 \times 84^3 \times 86^3} = 79.5$ 分

可以看出，甲地区的总功效系数，即综合经济效益分数比乙地区的综合经济效益分数高，说明甲地区的综合经济效益比乙地区的好。

第十三章 村镇住户统计调查

村镇住户调查过去叫做农民家庭收支调查,简称农民家计调查,它与城市住户调查共同组成我国以家庭为基本调查单位的社会经济调查体系。村镇住户调查是以农村住户(包括农业户、兼业户和非农业户)为对象,以生产、分配、消费、积累为主要内容的一项综合性的农村社会经济调查。

通过村镇住户调查可以了解村镇住户收入及其构成、生产和扩大再生产物质生活和精神生活的发展变化情况,能够了解整个农村产业结构的变化情况、农村市场经济发展变化趋势。此外,我国农民家庭是生产经营、收入分配、生活消费以及经济核算的基本单位,以农户为主体的农村经济处在不断变革之中,因此,村镇住户调查有着极为重要的意义。

第一节 村镇住户调查的组织和方法

一、村镇住户调查的组织

村镇住户调查是以农户为调查对象,以农户生产经营、收入分配和生活消费等社会经济活动为主要内容的一项非全面调查。其中，农民家计调查目前已形成一套由国家统计局（农村调查队）统一领导，各省（自治区、直辖市）普遍实行的、系统的、规范的调查工作体系。在调查队伍上，除国家统一组织的调查外，国家调查网点以外的县市，有的也自行组织本地区的家计调查。

二、村镇住户调查的方法

村镇住户调查的方法主要采用划类选典法，包括以下几个方面：

（一）选择调查单位的方法

在将调查对象按自然条件或生产类别等分类的基础上，从各个类型中选择经济水平处于中等的单位作为调查单位；选择调查户时，应全面考察农户的人口劳动力、生产水平、收入水平和消费状况等，确定对本村本乡以及对调查总体都具有代表性农户作为调查户。

应用范围包括农产量调查、农村住户调查以及农村基本情况调查。各省（自治区、直辖市）几种调查都采用一套调查网点。

排队标志和辅助变量：两种调查的有关标志分别是每亩产量和人均收入，当总体各单位人均收入的离散系数大于每亩产量时，就要以人均收入作为排队标志，累计相应的辅助变量分配人口，抽取几种调查的调查网点。

具体做法是省抽县、县抽乡、乡抽组时，将总体各单位按近三年人均纯收入由低到高或由高到低排队，依次累计近三年平均人口，编制成抽样框；然后根据人口累计数和抽样数目计算抽样距离，按随机起点对称等距抽样法抽取样本单位。

组抽户时，以全组各户上年人均生产性纯收入作为排队标志；而且，不用辅助变量（人口）累计值计算抽样距离，而用规定的调查户数除全组总户数计算抽样距离，再按随机起点对称等距抽样法抽取调查户。

调查户数一般为每组 10 户，规模小的组可以抽 5 户，合计每个调查县的调查户数为 60～100 户。

（二）搜集调查资料的方法

调查初期、恢复调查或新增调查户时，常采用一次性调查法；一般情况采用经常性登记法。经常性登记法是指一般每个调查点聘请一名辅助调查员，协助调查户将日常发生的一切经济活动逐日逐笔记载在专门的调查表上，并按时对调查表进行汇总、整理、上报。

第二节　村镇住户调查的内容和指标

一、村镇住户基本情况指标

1. 住户类型

（1）按地势分为平原户、丘陵户和山区户。

（2）按区类分为革命老区户、少数民族区户、边远地区户、省辖市郊区户和其他户。

（3）按户别分为五保户、乡村干部户、职工家属户和其他户。

（4）按人口规模分为单身户、核心户（如夫妻或单亲与其未婚子女）、三代同堂户、四代同堂户等。

（5）按劳动力最高文化程度分为文盲和半文盲户、小学户、初中户、高中户、中专户、大专户等。

（6）按建房情况分为新建房户和未建房户。

（7）按照明情况分为用电照明户和非用电照明户。

（8）按人均纯收入水平分为贫困户、温饱户、宽裕户和小康户。

2. 家庭常住人口

指全年在家居住 6 个月以上，而且经济生活和本户连成一体的人口。在外劳动的合同工、临时工，虽然在外劳动时间超过 6 个月，只要其主要收入交回家中，或是交钱给集体参加分配的，仍要计算在内；在家居住，生活与本户连成一体的国家职工、退休人员也要计算在内。但是参军、在外居住的职工等，则不应计入。

3. 整半劳动力

以家庭常住人口为基础，按劳动年龄和劳动能力两个标志结合统计。不包括劳动年龄以内丧失劳动能力的人，包括劳动年龄以外经常参加劳动、能够顶上一个整劳动力或半个劳动力的人。在劳动力中，要分别统计职工人数、乡村企业从业人数在外从事其他劳动人数；还要统计各种文化程度的劳动力人数。

4. 经营土地面积

按年末经营的耕地面积、山地面积、养殖水面等统计。包括承包集体的、家庭自营的、转包他人的土地面积，不包括代他人临时经营的土地面积。

5. 生产性固定资产

包括役畜、畜产品、大中型铁木农具、农业机械、工业机械、运输工具、生产用房等。既要统计实物量，又要统计价值量。

6. 房屋

指农户所有，可以用于住人、放物和从事生产等用途的房屋。包括住房、仓库、牧区的蒙古包、帐篷，但不包括船屋。应统计房屋的间数、价值、面积、结构，以及其中新建房屋、减少房屋、生活用房的情况。

二、村镇住户生产经营指标

(一) 主要产品产量

以实物形态表现的农户当年生产产品总量。按种植业、林业、畜牧业、渔业等行业的产品类别及其计算要求分别统计。

(二) 商品出售情况

指农户当年出售产品的数量和金额。各种产品的出售额，按出售量和实际出售价格计算。出售产品统计的范围，包括从各级集体经济得到的、家庭当年生产和往年结存的产品；包括代缴税金的出售给国家的；出售给商业供销部门的以及在自由市场出卖的产品。

（三）商品购买情况

指农户当年购买商品的数量和金额。各种商品的购买额，按购买量和实际购买价格计算；农民以实物交换而购进的商品，应按当地价格水平计入购买商品统计的范围，包括从各种途径购买的生产资料和消费资料。

三、村镇住户收入支出指标

村镇住户收入支出指标是农村住户调查的核心内容。主要反映农户收入的水平和构成、支出的水平和构成，并核算农户纯收入。

（一）全年总收入

指农户当年从各种来源得到的全部实际收入。包括：

1. 从集体统一经营中得到的收入

指从各级集体经济中得到的现金收入和实物折价。包括从统一核算单位得到的分配收入、从乡村企业直接得到的收入（劳动报酬）、从公益金中得到的收入、从集体得到的奖励收入和从集体得到的其他收入。

2. 从经济联合体得到的收入

指农户参加经济联合体得到的工资、奖金、补贴以及投资分红收入。

3. 家庭经营收入

指农户承包集体生产和从事家庭自营收入。包括种植业、林业、畜牧业、渔业、采集捕猎、工业、建筑业、运输业、商业、饮食业、生产性劳务、生活性劳务（服务业）和其他家庭经营收入。凡产品出售部分，按实际出售价格计算；非出售部分，按产品大量上市时的国家收购牌价计算。

4. 其他非生产性收入

指农户实际得到的其他非借贷性收入。包括在外人口寄回和带回、职工工资收入（指家庭常住人口中职工的劳动报酬和退休金等，不包括劳保费和福利费）、从国家财政得到的收入、出售财物收入（指出售本年以前拥有的财产和物品所得到的收入，不包括转手买卖各种商品的收入）、亲友赠送收入（指农村以外亲友赠送的现金和实物价值）和其他收入（如出售本年购入财物的差价收入、出租房屋收入、存款利息收入）。

（二）全年总支出

全年总支出是指农户当年用于生产、生活和再分配等方面的全部实际支出。包括：

1. 家庭经营费用支出

指农户生产经营所支出的费用。包括承包集体生产的费用支出和家庭自营的费用支出两部分。凡是未计算收入的产品，在利用它作为原材料支出时，就不应计算生产费用支出；库存的化肥、农药也不应计算生产费用支出；商业、饮食业、服务业收入是按纯收入计算的，其费用支出不应包括在内；包产户经营集体生产，仍由集体统一开支的费用，也不应包括在内。

2. 缴纳税款

指农户从事家庭生产经营向国家缴纳的各种税款。

3. 上交集体承包任务

指包干户按承包合同规定向集体上交的提留和包产户按承包合同规定向集体上交的包产任务。

4. 购买生产性固定资产支出

指用于购置生产性固定资产的开支。

5. 生活消费支出

指农户用于物质生活和精神生活方面的实际支出。包括生活消费品支出和非商品支出。它直接反映农民消费水平，也是研究农民消费结构变化的基本指标。

6. 其他非生产性支出

指农户实际开支的其他非借贷性支出。包括寄给和带给在外人口、赠送亲友支出（指赠送农村以外亲友的现金和实物价值）和其他支出（如交纳党团费、赔偿和罚款）。

（三）全年纯收入

全年纯收入是指全年总收入中扣除生产性费用支出和各项提留后剩余的、可直接用于生产投资和生活消费的那部分收入它反映农民实际收入水平，表明农民进行扩大再生产和改善生活的可能性，是评价农户经营经济效益的主要基础指标。

全年纯收入＝全年总收入－家庭经营费用支出

－缴纳税款－生产性固定资产折旧

－上交集体承包任务－调查补贴

全年纯收入之所以不包括调查补贴，是因为调查补贴只有调查户才能得到。

承包经营纯收入。反映农民家庭承包集体生产的实际收入水平和经济效益大小。

承包经营纯收入＝承包经营收入＋集体拨给的包干费用收入

－承包经营费用支出－承包经营纳税支出

－上交集体承包任务

如果承包经营发生亏损，还要扣除承包经营亏损额。承包经营收入、费用、税金，可以根据承包地面积或承包项目产值的比重从家庭经营收入、费用、税金中分摊。

四、村镇住户现金收支平衡

农村住户现金收支平衡集中反映了农户现金收入的来源、支出的去向和结存情况，为研究农民商品性生产的收入、农民购买力和货币流通、商品流转提供资料。

（一）期初或期末存款余额

指村镇全部常住人口期初或期末在银行、信用社实际存款余额。

期末存款余额＝期初存款余额＋存入银行信用社款

－取回银行信用社款

（二）期初或期末手存现金

指农户全部常住人口期初或期末手中掌握的现金总额。

期末手存现金 = 期初手存现金 + 期内现金收入合计

－ 期内现金支出合计

（三）期内现金收入合计

指农户期内全部现金收入，包括从集体统一经营中得到的现金，从经济联合体得到的现金，出售农副产品和其他产品得到的现金，经营建筑业、运输业、商业、饮食业、生产性劳务、服务业和其他经营得到的现金，其他非生产性现金收入和储蓄借贷现金收入。承包经营的各项现金收入，均包括在有关各项现金收入中。

（四）期内现金支出合计

指农户期内全部现金支出，包括用于家庭经营费用支出的各项现金，向国家缴纳的各种税金，按承包合同上交的集体提留或承包任务的现金，用于开发性生产、购买生产性固定资金的现金，用于生活消费、其他非生产性支出和储蓄借贷支出的现金。承包经营生产的现金支出和纳税均包括在有关项内。

计算现金收入和支出应当注意：

（1）商业现金收入按毛利额计算，即销售商品收入中扣除购买商品支出后的余额；饮食业现金收入按营业额计算；其他生产和生活服务现金收入按实际收入计算。

（2）其他非生产性现金收入中的"出售财物现金收入"，是指出售本期以前就拥有的各种固定资产和其他财产所得到的现金。如，出售当年购买的财物，购买和出售在同季度内发生，只计算其差额部分，差额为正数，填入其他非生产性现金收入的"其他现金收入"中；差额为负数，则作为该项财物支出，填入有关项内。出售当年购买的财物不是在同一季度内发生，季报时按实际发生额填写，年报时统一进行调整。

（3）其他非生产性现金收入中的"亲友赠送的现金"，包括城乡相互之间亲友的现金赠送，收到赠送实物随即出售所得的现金也应计入现金收入，但赠送实物出去不能计入现金支出。

（4）储蓄借贷的现金收入包括从银行信用社得到的贷款、其他借入款、收回借出款、从银行信用社取回存款和回收投资，现金支出的口径与此相同。

五、村镇住户粮食收支平衡

村镇住户粮食收支平衡集中反映了农户全年粮食收入、支出和结存情况，主要用来研究农户粮食收入的各项来源、粮食支出的去向及其构成。

年末粮食结存 = 年初粮食结存 + 年内粮食收入合计
－年内粮食支出合计

（一）年初粮食结存

指农户年初所有的全部粮食数量。包括结存的加工粮食（如大米、面粉、挂面等），并折合成原粮计算。

（二）年内粮食收入合计

指农户年内从各种来源得到的粮食，包括从集体统一经营中得到的粮食、家庭经营生产粮食、国家销售和奖售粮食、购入粮食、借入粮食、收回借出粮食等。

（三）年内粮食支出合计

指农户年内实际支出的全部粮食，包括生活用粮、出售粮、种子用粮、饲料用粮、副食加工用粮、借出粮食、归还借粮、上交集体粮食等。

（四）年末粮食结存

指农户年末实际占有的粮食。

六、村镇住户实物消费量指标

农村住户实物消费量指标是以农户主要实物消费量和耐用消费品拥有量来反映农民的消费水平和结构的。它不受价格变动的影响，便于研究农民消费的实际状况。

（一）主要实物消费量

包括粮食、蔬菜、植物油、动物油、肉类、家禽、蛋类、食糖、烟酒茶、棉布、化纤布、呢绒、绸缎、毛线及毛织品等消费量。对于购买的衣着、日用品，虽然使用的时间较长，一般作为一次性消费，以购买量代替消费量；对于自产自用产品的消费，只要计算了收入的产品就应计算消费量，否则就不计算。有些产品经过加工后再消费，为了避免重复计算，只按加工前的产品计算消费量。

（二）耐用消费品拥有量

包括各种钟表、自行车、缝纫机、收音机、录音机、电视机、电冰箱、洗衣机以及大型家具（以单价 50 元以上为标准）拥有量等。

第三节　村镇住户调查的整理和分析

一、村镇住户调查资料的整理

（一）按户分类

将调查户登记的现金收支和实物收支流水账，按其不同的经济性质进行归类、汇总；分类项目的各项总指标、类指标、子指标，应根据调查方案规定的指标项目、含义、口径和方法统一确定。各调查户的原始资料一般每月整理一次，并将整理资料登记到整理台账上，作为编制季报和年报的基础。

（二）编制调查表

季报表主要反映农民家庭季内现金收支、产品生产和出售商品购买以及主要实物消费量等方面情况；年报表反映农民家庭全年生产、交换、收入、支出、消费积累等全部情况。编制调查表时，季报表以月整理台账为基础，年报表以月整理台账和季报表为基础。例如，首先可以编制农村住户基本情况、经营生产、产品出售、粮食收支平衡等方面报表；然后以此为基础，编制农村住户商品购买、现金收支平衡、主要实物消费量和耐用消费品拥有量等方面报表；最后编制农村住户总收入、总支出和纯收入等方面报表。

（三）整理积累资料

由专职统计调查人员根据本地区往年和当年的季报和年报资料进行汇总、整理，编制农村住户调查历史资料，以利于调查资料的长期保存和利用，综合研究农民家庭经济和社会情况的发展趋势。

整理审核时要注意下述三个方面的关系：

1. 平衡关系

指表中各指标间的相互平衡关系，即指标各小项之和应小于或等于大项，各分指标之和应等于总指标。

2. 对应关系

指各表相同指标或类似指标间的关系，从常识上比较判断它们是否合情理。如总收入和总支出各项指标与现金收支有关指标的对应关系；粮食生产量、消费量出售量与粮食收支指标的对应关系；商品购买量与现金支出指标的对应关系等。

3. 逻辑关系

主要审查调查点的人均产量、收入、购买、消费等水平指标是否符合客观实际，增长幅度是否符合一般趋势等；调查户的基本情况、生产经营、收入分配和生活消费等方面指标有无奇高奇低、不符合逻辑的情况。

二、农民纯收入分析

农民纯收入分析主要是分析农民纯收入水平和构成。农民纯收入水平分析是指按家庭常住人口计算的人均纯收入，也可以按整半劳动力计算人均纯收入，按调查户数计算户均纯收入。

纯收入构成的形式主要有：

（一）农民纯收入来源构成

按来源将纯收入分成下列组成部分：从集体统一经营中得到的纯收入；从经济联合体中得到的纯收入；家庭经营纯收入，其他非生产性纯收入。

（二）农民纯收入性质构成

按性质首先将纯收入分为生产性纯收入和非生产性纯收入，然后将生产性纯收入分为农业生产纯收入和非农业生产纯收入。

分析时应当注意以下问题：

1. 准确计算各个构成部分纯收入

各个构成部分纯收入，在资料齐备的情况下，应当按照纯收入的原理直接计算；如果不能直接计算，可以用各构成部分总收入占全年总收入的比重乘以全年纯收入来推算。

2. 水平分析和构成分析结合起来

既要说明纯收入水平高低，又要说明纯收入构成状况，为此，就要计算一定纯收入水平下的构成指标，即不但全年纯收入要按人口（劳动力、户数）加以平均，而且各个构成部分纯收入也要同样加以平均。

3. 静态分析与动态分析结合起来

在重点考察当年纯收入水平及其构成的基础上，要结合历史资料进行动态分析，在动态比较中发现和总结农民纯收入发展变化的趋势和特点。

三、农民生活消费分析

农民生活消费分析主要考察农民消费水平及其结构的状况和发展变化的趋势。其中，消费水平通常以平均每人消费支出额和实物消费量表示；消费结构是指人们所消费的消费资料（包括劳务）各个构成部分在总体中所占的比重。由于分组标志不同，消费结构有不同的表现形式。我国农村住户调查是以消费资料的形式和用途作为分组标志，具体分组方法如下：

（一）生活消费品支出

指农民家庭用于吃、穿、用、住、烧方面的消费资料支出。

（1）食品消费，包括主食、副食、其他食品的消费量折价和加工费以及在外饮食支出。

（2）衣着消费，包括用于身上穿戴、床上垫盖、室内装饰的棉花、毛类、呢绒、绸缎、化纤及制品的消费量折价和加工费。

（3）用品消费，包括日用品、文化娱乐用品、书报杂志、医药卫生用品、其他用品的消费量折价和修理费。

（4）住房消费，包括房租、电费、房屋维修费用、新建住房开支和当年为新建、维修住房而购买的建筑材料等支出。不包括本年以前购买建筑材料支出。使用自产建筑材料（如竹木），如果没有计算收入，也不应计算支出。

（5）燃料消费，包括做饭、做菜、烧水和取暖用的煤炭、柴草等生活燃料支出。不包括煮饲料用的燃料。

（二）非商品支出

指农民家庭用于文化服务、生活服务方面的支出。

1. 文化服务支出

包括学杂费、保育费、技术培训费、文娱费等。其中，①学杂费是指家庭成员上学读书所交学费和杂费，不包括购买书籍、文具用品等支出；②保育费是指家庭子女上托儿所、幼儿园等所支付的费用，但不包括伙食费；③技术培训费是指家庭成员参加技术培训所交的培训费，不包括购买书籍、讲义和文具等支出；④文娱费是指家庭成员购买电影票、戏剧票、球票等的支出，不包括购买文化娱乐用品支出。

2. 生活服务支出

包括医疗费、交通费、邮电费、旅店住宿费、照相费、洗澡费、殡殓费等。其中，医疗费是指家庭成员看病或住院所支付的挂号费、手术费、注射费、透视费、照相费、床位费等，不包括医药费。

在对上述结构形式进行具体分析时，要注意以下几点：

（1）要注意吃、穿、用、住、烧序列的变化，总结一定时期序列变化的原因；

（2）要注意吃的比重的变化，因为吃是人们最基本的生活需要，需求弹性最小，其比重的上升或下降，能概括地反映消费水平的降低或提高；

（3）要注意劳务消费（非商品支出）比重的变化，因为劳务消费居于较高的需求层次，而且都是社会性消费（相对于自给性消费而言），其比重的变化在很大程度上反映了消费质量的变化。

四、村镇住户全部收支平衡分析

村镇住户全部收支平衡分析，是根据全年总收入、总支出与年末积累之间的平衡关系，分析农户各项收支与物质文化生活之间的关系，反映农户能够用于下一年度扩大再生产和改善生活消费的能力或亏损、负债情况。

农民家庭的积累，体现在以下几个方面：

（一）现金、存款的增加或减少

通过现金收支平衡表来反映。根据年末与年初手存现金、银行存款计算。

（二）债权、债务的增加或减少

通过现金收支平衡表内部有关项目来反映。它属于暂收、暂付性质的收支项目，但它的增加或减少对年底现金存款余额有直接影响。

（三）粮食的增加或减少

通过粮食收支平衡表来反映。根据年末、年初结存粮食来计算。各种粮食实物量应折算成价值量见下表。

户名或组别	
总收入	合计
	从集体统一经营得到的收入
	从经济联合体得到的收入
	家庭经营收入
	其他非生产性收入
总支出	合计
	家庭经营费用支出
	缴纳税款
	上交集体承包任务
	购置生产性固定资产
	生活消费支出
	其他非生产性支出
积累	合计
	现金存款的增加或减少
	债权的增加或减少
	债务的增加或减少

总收入－总支出＝积累

购置生产性固定资产支出＋生活消费支出＋积累

＝总收入－家庭经营费用支出－缴纳税款

－上交集体承包任务－其他非生产性支出

上式说明，农户扩大再生产的规模和生活消费的水平，主要取决于总收入的多少和家庭经营费用的节约。因此，只有在生产中不断采用新的科学技术、广开生产门路、改善经营管理、降低生产成本，才能增加收入，使农民的物质文化生活水平不断提高。

参考文献

［1］李彤，于洁，张存彦．农村财务管理．北京：金盾出版社，2009.

［2］李瑞芬，赵连静，白华，等．农民专业合作社财务管理问题研究．北京：中国农业出版社，2010.

［3］李茜．村镇科学理财之道．北京：中国社会出版社，2006.

［4］中华会计函授学校．村集体经济组织财务管理．北京：中国财政经济出版社，2009.

［5］孙文生．农村经济统计学．北京：中国农业出版社，1999.

［6］彭光佐．农村社会经济统计学．北京：中国财政经济出版社，1987.

［7］吴慧荣．统计学原理．上海：上海交通大学出版社，2010.